CONFLITO E PAZ

Bert Hellinger

CONFLITO E PAZ
Uma Resposta

Tradução
NEWTON A. QUEIROZ

Editora Cultrix
SÃO PAULO

Título original: *Der Grosse Konflikt: Die Antwort.*

Copyright © 2005 Bert Hellinger.

Copyright da edição brasileira © 2007 Editora Pensamento-Cultrix Ltda.

1ª edição 2007.

8ª reimpressão 2022.

Todos os direitos reservados. Nenhuma parte deste livro pode ser reproduzida ou usada de qualquer forma ou por qualquer meio, eletrônico ou mecânico, inclusive fotocópias, gravações ou sistema de armazenamento em banco de dados, sem permissão por escrito, exceto nos casos de trechos curtos citados em resenhas críticas ou artigos de revistas.

A Editora Cultrix não se responsabiliza por eventuais mudanças ocorridas nos endereços convencionais ou eletrônicos citados neste livro.

Dados Internacionais de Catalogação na Publicação (CIP)
(Câmara Brasileira do Livro, SP, Brasil)

Hellinger, Bert

    Conflito e paz : uma resposta / Bert Hellinger ; tradução Newton A. Queiroz. -- São Paulo : Cultrix, 2007.

    Título original: Der Grosse Konflikt
    ISBN 978-85-316-0967-1

    1. Conflito (Psicologia) 2. Conflito interpessoal 3. Conflito social 4. Paz 5. Relações interpessoais I. Título.

07-0623   CDD-158.2

Índices para catálogo sistemático:
1. Conflito e paz : Relações interpessoais : Psicologia aplicada 158.2

Direitos de tradução para a língua portuguesa
adquiridos com exclusividade pela
EDITORA PENSAMENTO-CULTRIX LTDA.
Rua Dr. Mário Vicente, 368 — 04270-000 — São Paulo, SP
Fone: (11) 2066-9000
E-mail: atendimento@editoracultrix.com.br
http://www.editoracultrix.com.br
que se reserva a propriedade literária desta tradução.
Foi feito o depósito legal.

SUMÁRIO

Prefácio 11

Introdução e perspectiva

O grande conflito

A vontade de extermínio 13

O deslocamento da vontade de extermínio 14

A justiça 14

A consciência 15

A ameaça do novo 16

A internalização do rejeitado 16

O campo 17

Campo e consciência 18

O delírio 18

Resumo 19

A grande paz

O amor 19

O intercâmbio 19

A consciência 20

A impotência 20

O triunfo 20

A compreensão 20

A paz interior 21

A percepção 22

A outra consciência.. 22

O outro amor 23

Vínculos de destino

Observação preliminar... 24

O outro destino 24

Exemplo: Mãe e filho 25

A solução 26

A alma.. 27

A busca do culpado 28

Exemplo: Sacrifício de crianças 28

Injustiça negada.. 29

História: O amor... 32

Movimentos da alma 33

Terapia e política 33

Soldados sobreviventes.. 34

Afinal todos são vítimas 35

Exemplo: Tchecos e alemães.. 35

Bons e maus 40

Exemplo: Menino agitado 41

Sobre o procedimento... 45

A outra moral... 46

O outro Deus.. 47

Perpetradores e vítimas 48

Destino e graça.. 48

História: A liberdade 49

Modos de atuação da consciência

Observação preliminar... 50

A consciência como destino 50

A consciência do vínculo 50

As diversas consciências... 51

A consciência do equilíbrio... 52

A consciência coletiva	53
Ninguém pode ser excluído	53
A moral	54
A precedência dos mais antigos	54
O fim das tragédias	55

Consciência e alma — 55
O conflito entre as consciências	55
Os movimentos da alma	55
O caso do aidético	56

Consciência e doença — 56
Saúde e consciência	56
Doença e consciência	57
Doença e boa consciência	57
O amor cego	58
A felicidade	59
Agradecer e passar adiante	60
Dois tipos de inocência	60

Consciência e conflitos — 62
A boa consciência e a má consciência	62
Os mitos	62
Consciência e grupo	63
O medo da consciência	63
A consciência despercebida	64
Igual direito de pertencer	64
Anteriores e posteriores	65
O trágico	65
Soluções	66
A sintonia	66
A evolução da consciência	66
A consciência espiritual	67

O que é mal? — 67
As forças adversas	68

O que é bem? — 69
O grande Bem	69

Judeus e alemães

Observação preliminar... 71

O judaísmo em nossa alma 71

   Escolhidos e rejeitados 72

   Jesus e o Cristo 73

   O mesmo Deus 74

   Alemães e judeus 75

   A reparação 77

   História: O regresso 78

O luto em comum... 79

   O perdão 79

   A dignidade 79

   Israelenses e palestinos... 80

   A reconciliação 81

   O retorno do reprimido 81

Exemplo: Luto em comum por crianças assassinadas.................... 82

As imagens de Deus... 83

A mensagem da Sexta-feira Santa em Buenos Aires...................... 84

Exemplo: "Sou um de vocês" 86

Jerusalém, a cidade santa 90

Russos e alemães

Consideração preliminar.. 91

Exemplo: Honra aos mortos... 91

Exemplo: "Agora sou uma russa" 93

Conferência em Moscou 97

   O que nos separa e o que nos reconcilia............................... 97

   Psicoterapia científica e psicoterapia fenomenológica 97

   Fortes aplausos no público 99

   História: Dois tipos de saber 100

   Níveis da consciência 102

   As diversas consciências.. 102

Paz na família	103
Paz entre os povos	104
História: O círculo	106

Exemplo: "Eu sou um russo" 107

Os destinos 109

Situações atuais

Esclarecimento 111

Amor ao próximo 111

A paz começa nas almas 112

"Eu sou como você" 113

A purificação 114

A reverência 115

Exemplo: "Mamãe, estou chegando" 116

Crescimento interior 117

Filhos felizes 119

Exemplo: Filho se professa muçulmano 119

Mudando o ponto de vista 121

O próximo 121

O alheio 121

A fonte da vida 122

O trauma 123

Exemplo: Um rapaz agressivo 124

O que significa psicose? 126

Perpetradores e vítimas 127

Tomar e deixar 127

A reconciliação 129

Exemplo: O campo de batalha 129

A paz 131

A plenitude 131

Estranha religião 131
   A culpa 131
   O sacrifício 133
   A compensação 133

Expiação e reparação 133

Perdoar e esquecer 135

Exemplo: Incas e espanhóis 137
   A despedida 139

A liberdade 140

A paz do coração 140

A tranqüilidade 141

Exemplo: Poloneses e ucranianos 142
   Envolvimento de famílias em conflitos não-resolvidos
   entre povos 144

Pensamentos de paz 145
   Paz para os mortos 145
   Bênção e maldição 146
   Amor também pelos perpetradores 148
   O fim da vingança 149
   O espírito e o espiritual 150
   O último lugar 150

Conclusão: A consciência 151

PREFÁCIO

Conflitos acontecem todos os dias. Eles surgem quando precisamos impornos. Ajudam-nos a crescer, a encontrar soluções melhores, a ampliar nossas fronteiras. Portanto, em última análise, contribuem para a segurança e a paz. Esses são os pequenos conflitos. Eles nos são familiares.

Por trás deles, porém, existem conflitos de tipo bem diferente, pois atua neles uma vontade de extermínio. Eles envolvem extremos: vida ou morte, sobrevivência ou extinção. Esses são os grandes conflitos.

Este livro aborda principalmente os grandes conflitos. Podemos achar que eles não nos interessam tanto, pois ocorrem em outras partes do mundo, longe de nós. Entretanto, quando olhamos para o nosso interior, logo reconhecemos quantas vezes desejamos, em nosso íntimo, que se faça "justiça" a certas pessoas, como a certos criminosos, ou desejamos o mal, e até mesmo o pior, às pessoas que nos lesaram. Com isso se manifesta em nossa alma o mesmo movimento que, em outros contextos, causa guerras e disputas, que causa danos aos outros e os leva à ruína.

Por conseguinte, os grandes conflitos não estão tão distantes de nós como gostaríamos de admitir.

Este livro aborda antes de tudo os movimentos da alma que provocam os grandes conflitos. Estranhamente, são sobretudo aqueles movimentos que costumamos considerar como especialmente bons e válidos. Pois os grandes conflitos são sustentados pela convicção de estarmos com a razão — ou, em outras palavras, pela boa consciência. O perigo que envolve a boa consciência se evidencia pelo fato de que ela sustenta, de ambos lados, os conflitos homicidas, os quais tiram dela a sua energia.

Neste livro, acompanho os movimentos da consciência, tanto os bons quanto os perigosos, valendo-me das luzes e experiências resultantes do trabalho com as constelações familiares. Elas nos mostram como podemos nos desprender, passo a passo, dos múltiplos envolvimentos a que nos induz muitas vezes nossa boa consciência.

Este livro é, portanto, antes de tudo, uma ajuda vital para as pessoas envolvidas em tais conflitos, que também não nos são estranhos. Ele mostra, à luz de muitos exemplos, como podemos conservar ou recuperar a paz do coração, essa paz que nos torna realmente humanos, dedicados aos outros e conectados a eles pelo respeito e pelo amor. Essa paz nos ajuda a encontrar, finalmente, a nossa felicidade real, a mais profunda e mais rica.

Bert Hellinger

INTRODUÇÃO E PERSPECTIVA

O grande conflito

A vontade de extermínio

Todo grande conflito pretende remover algo do caminho. Em última análise, quer destruí-lo. Por trás desses conflitos atua uma vontade de extermínio. De que forças ou medos ela se alimenta? — Ela se nutre, principalmente, da vontade de sobreviver. Quando nossa vida é ameaçada reagimos pela fuga, esquivando-nos de ser exterminados pelo outro, ou pela agressão, tentando liquidá-lo ou, pelo menos, pô-lo em fuga. Tirar o adversário do caminho é o extremo da vontade de extermínio.

O que importa nisso não é apenas, via de regra, liquidar o outro, mas também incorporá-lo e apropriar-se do que ele possui. Isso também está a serviço da sobrevivência. Horrorizamo-nos com o canibalismo, mas apenas na aparência. Pois ainda existem situações em que os seres humanos asseguram sua sobrevivência à custa de outros seres. Muitas vezes, a assimilação do que foi exterminado por nós é inevitável para nossa sobrevivência. É verdade que nos alimentamos também dos frutos da natureza, mas isso também exige o sacrifício de outros seres, principalmente de animais.

Esses conflitos, principalmente os mortais são desumanos? Em caso de extrema necessidade não podemos evitá-los.

Uma vez que esses conflitos, embora assegurem a sobrevivência, também a colocam em risco, desde o início os homens sempre lançaram mão de meios pacíficos para resolvê-los, por exemplo, acordos, fronteiras bem definidas, associação de grupos menores sob uma jurisdição comum e por meio de leis. A regulamentação jurídica mantém os conflitos mortais dentro de certos limites, principalmente porque o monopólio da força pelo governante impede a solução violenta de conflitos pelos indivíduos ou por grupos subordinados.

Essa ordem é exterior. Ela se baseia, por um lado, no consenso, mas por outro lado, também, e principalmente, no medo da punição, que pode chegar à pena de morte ou de exclusão da comunidade. Essa ordem, que é imposta pela força, é simultaneamente conflito e luta. Mas esse conflito é administrado de modo a servir à sobrevivência do grupo e de seus membros individuais.

Assim, a ordem jurídica estabelece limites à vontade pessoal de extermínio e protege os indivíduos e os grupos contra as irrupções dessa vontade. Quando esses limites deixam de existir, como acontece na guerra, ou quando o poder da ordem desmorona, como nas revoluções, irrompe de novo a vontade arcaica de extermínio, com suas terríveis conseqüências.

O deslocamento da vontade de extermínio

No interior dos grupos em que a ordem jurídica protege o indivíduo contra a vontade de extermínio de seus semelhantes e da sua própria, essa vontade se desloca, às vezes, para outras áreas, e manifesta-se em disputas políticas, científicas ou ideológicas.

Que também nessas áreas atua freqüentemente uma vontade de extermínio é o que vemos sempre que abandonamos a objetividade. Em vez de buscarmos juntos a melhor solução, pela observação e pela comprovação objetiva, procuramos difamar os representantes do partido ou da tendência contrária, muitas vezes com calúnias e ofensas. Tais agressões pouco diferem da vontade física de extermínio. Pelo seu sentimento e pela sua intenção elas visam à destruição do outro, pelo menos moralmente, declarando-o um inimigo do grupo, com todas as inevitáveis conseqüências.

Pode o indivíduo proteger-se contra isso? Não. Ele está entregue ao conflito, mesmo que não intervenha nele. Contudo, existe o perigo de que, ao reagir a tais agressões, ele também sinta em si mesmo igual vontade de extermínio e dificilmente consiga resguardar-se dela.

A justiça

Essas disputas tiram sua energia não apenas da vontade de extermínio mas também de uma necessidade, comum a todos os seres humanos, de equilíbrio entre o que se dá e o que se recebe, entre ganhos e perdas. Nós a conhecemos também como necessidade de justiça. Nós só teremos paz quando alcançarmos esse equilíbrio. Por isso a justiça é, para nós, um bem altamente valioso.

Mas isso acontece em todos os casos? Ou apenas em determinado contexto quando se trata da compensação de um bem? Pois a necessidade de justiça tem conseqüências totalmente diversas quando se trata de perdas e danos.

Esclareço com um exemplo. Quando alguém nos faz algum mal, planejamos vingança. Isto é, para compensar queremos causar um mal também a essa pessoa. Isso decorre da necessidade de compensação, portanto, da necessidade de justiça. Por outro lado, porém, também nos impele a vontade de sobrevivência e extermínio. Queremos impedir que o outro nos torne a ferir e causar danos. Ao nos vingarmos, ultrapassamos a necessidade de compensação e justiça e causamos mais sofrimento e dano ao outro do que ele nos causou. Mas o outro também quer vingança e assim o conflito entre nós nunca tem fim.

A justiça torna-se aqui um pretexto para a vingança. Em nome da justiça faz-se valer a vontade de extermínio.

A consciência

Uma outra coisa estimula o conflito. É algo que julgamos bom e que, não obstante, produz o mal. É a boa consciência. Tal como a justiça, a boa consciência é atrelada, como um cavalo, ao coche da vontade de extermínio. Pois sempre que alguém se julga melhor do que outros, achando-se no direito de fazer-lhes mal, ele age, sob o influxo de sua consciência, com boa consciência.

Essa consciência é realmente *sua?* — Ela é a consciência da família e do grupo que assegura a sobrevivência do indivíduo. É a consciência de um grupo que defende a própria sobrevivência, no conflito com outros grupos, por meio de uma vontade de extermínio. Essa consciência, que é considerada por muitos como algo sagrado, santifica os ataques a pessoas que pensam ou agem de modo diferente, e mesmo o extermínio delas. Daí nascem as "guerras santas", tanto nos campos de batalha quanto no interior dos grupos, onde os que pensam e agem de maneira diferente são vistos como um perigo para a união desses grupos. Como numa guerra, também aqui todos os meios para tal fim são justificados e santificados pela boa consciência. Por isso, todo apelo à consciência ou à honestidade de tais agressores é inútil e esvazia-se; não porque sejam maus, mas porque têm uma boa consciência e julgam combater pela boa causa.

Por outro lado, quem apela para a consciência deles o faz sob o influxo de uma outra consciência, a saber, de sua própria boa consciência, e corre o risco de recorrer, com o seu incentivo, aos mesmos recursos dos agressores. Por isso são vãs as tentativas de resolver os grandes conflitos apelando para a justiça e a boa consciência.

A ameaça do novo

Tudo o que abala as tradições é sentido como ameaça, tanto pela consciência individual quanto pela consciência do grupo, se é que podemos diferenciar as duas. Pois, afinal de contas, toda consciência é a consciência de um grupo. O que é novo ameaça a coesão desse grupo e, conseqüentemente a sobrevivência dele em sua forma atual. Pois quando um grupo abre espaço ao novo ele precisa reorganizar-se para não se dissolver.

Muitas ideologias políticas, desmoronaram depois de algum tempo, por não poder resistir duradouramente à percepção da realidade, a exemplo do comunismo. Isso, porém, só ocorreu depois que muitos que apontaram para o caráter ilusório dessas ideologias foram executados em nome da sobrevivência desses grupos, ou condenados à morte de outras maneiras, por exemplo, por fomes decorrentes da aplicação dessas ideologias.

Somente quando os grupos que apóiam as novas compreensões ficam suficientemente fortes para proteger seus integrantes contra a vontade de extermínio dos velhos grupos é que seus adeptos se sentem seguros da própria vida. Quem se aventura cedo demais está ameaçado. O exemplo de muitos hereges e outros dissidentes nos serve de advertência.

Entretanto, os que crucificaram hereges ou os queimaram em praça pública eram maus por causa disso? — Eles lutavam pela sobrevivência do grupo; portanto, pela sua própria. Sua vontade de extermínio estava a serviço dessa sobrevivência e agiam com boa consciência.

A internalização do rejeitado

Quando alguém, sob o influxo de sua boa consciência, rejeita alguém — seja por que motivo for —, uma outra instância psíquica força-o a dar ao rejeitado um lugar na sua alma. Isso se evidencia pelo fato de que ele passa a sentir em si algo que rejeitou no outro — por exemplo, sua agressão. Porém, o alvo dessa agressão se desloca. Ela não se volta contra as pessoas rejeitadas mas contra outras que, talvez indevidamente, são associadas a elas. Quem rejeitou não percebe que seu impulso é idêntico ao do rejeitado. Apenas seu objetivo se deslocou.

Contudo, de uma maneira estranha e compensadora, uma instância interior oculta leva essa boa consciência a ferir-se na própria arma e fracassar.

Em seu estudo sobre as projeções, Freud fala também de um outro tipo de transferência, pela qual combatemos numa outra pessoa aquilo que rejeitamos e negamos em nós mesmos.

Outro modo de deslocamento se mostra quando os filhos incorporam em seu comportamento algo rejeitado por seus pais. É o que se percebe, muitas vezes, nos radicais da direita. Seu radicalismo pode representar uma homenagem ao pai, rejeitado ou desprezado pela mãe. Vemos isso também em muitos que combatem os radicais de direita. Eles o fazem com a mesma agressão e os mesmos meios, porém igualmente com boa consciência.

O campo

A imagem de campo nos permite entender melhor esses contextos. Rupert Sheldrake fala de um campo mental ou de uma mente ampliada, que chamou de *extended mind*. Ele observou que a comunicação existente entre seres vivos somente se explica quando admitimos a presença de um campo mental, em cujo interior esses seres se mantêm e se movem. Como poderia explicar-se, de outra maneira, que um animal encontra exatamente a planta de que precisa para aliviar um sintoma físico, ou que um cão sabe quando seu dono está voltando para casa? Somente a admissão desse campo comum permite compreender também os fenômenos manifestados nas constelações familiares: por exemplo, que os representantes de algum membro da família, quando colocados em seu espaço relacional, de repente passam a sentir-se como aquela pessoa que representam, embora nada saibam a seu respeito.

No interior do campo cada um está em ressonância com todos. Ninguém e nada pode escapar-lhe. Até mesmo o passado e os mortos continuam nele presentes e atuantes. Por isso, todas as tentativas de excluir uma pessoa ou de livrar-se dela são fadadas ao fracasso. Pelo contrário, o que foi excluído, desprezado ou exterminado ganha mais poder nesse campo com as tentativas de eliminá-lo. Quanto mais se tenta eliminá-lo, tanto mais fortemente ele atua. O campo fica perturbado e em desordem até que também o reprimido seja reconhecido e receba o lugar que lhe cabe.

Campo e consciência

Podemos entender melhor os modos de atuação da consciência levando em consideração a associação com os campos mentais. Então fica patente que nos movemos em diferentes campos e, por essa razão, também temos diferentes consciências. As reações da consciência nos mostram como atua um determinado campo, quem é incluído por ele, quem e o quê dele é excluído ou reprimido.

Assim, o influxo da boa consciência polariza o campo, reconhecendo como pertencendo a ele apenas uma parte do campo ou, em termos de relações humanas, uma parte das pessoas que o integram. Na linguagem da consciência, os que são admitidos são os bons. Mas "bom", no sentido da consciência, é apenas quem rejeita e exclui o diferente. Entretanto, o que foi reprimido ou excluído não pode ser expulso do campo; pelo contrário, reforça-se nele. Por conseqüência, o que foi reprimido coloca sob uma pressão crescente os pretensos "bons". Isso se mostra pelo fato de que eles constantemente se defendem contra o pretenso mau em sua alma e em seu entorno. Nessa luta contra a sombra de sua luz eles se consomem, até que se esgote sua força e eles cedam lugar ao "mau" ou sucumbam a ele — sem respeitá-lo, contudo, sentindo-se derrotados e com má consciência.

Qual é, portanto, o grande conflito? É o conflito entre a boa consciência e a má consciência. Daí nascem os conflitos mais implacáveis entre os grupos e dentro da própria alma.

O delírio

Sob o influxo da boa consciência e da irresistível necessidade de pertencer, nasce um movimento dotado de um zelo cego. Ele desperta, por um lado, um sentimento exaltado de inocência, boa consciência e vinculação ao próprio grupo, e volta-se cegamente contra outros. Esse movimento provoca uma disposição de morrer, associada a uma vontade de extermínio contra outros, que não são considerados pessoas. Eles são sacrificados anonimamente ao paroxismo dessa exaltação, como alimento para um ídolo cego, e são assassinados em sua homenagem. É esse delírio que dá forças ao grande conflito insensato.

Esse delírio, naturalmente, admite graus, mas o movimento básico é o mesmo. Nele a individualidade se dissolve na coletividade anônima, e a boa consciência induz a um sentimento de superioridade em relação a outros grupos. Esse é o movimento que conduz à exaltação, onde a verdade é diminuída ou mesmo abolida, assumindo traços delirantes.

INTRODUÇÃO E PERSPECTIVA

Quem se retira da multidão dos exaltados e volta à razão não colabora mais com o grande conflito, já não se deixa seduzir por ele. Mas corre o perigo de voltar contra si os exaltados, como se fosse um traidor, tornando-se vítima do conflito. E por que razão? Porque já não tem a boa consciência dos demais.

Resumo

Os grandes conflitos começam na alma, sob o influxo da boa consciência. A eles são sacrificadas, muitas vezes, a própria vida e a de muitos outros. Portanto, eles se tornam algo sagrado para a alma, algo divino, ao qual, de bom grado, se oferecem os maiores e mais extremos sacrifícios — mas apenas ao próprio deus particular. É a serviço desse deus que se travam os grandes conflitos, pois ele os inicia e recompensa. Como? — Sobretudo depois da morte. Pois a vida das vítimas é o alimento que lhe é constantemente oferecido. Ela glorifica esse deus no grupo e assegura a sua dominação sobre ele.

Existe alguma saída para nós? Vou procurá-la no próximo segmento.

A grande paz

O amor

Além dos conflitos que nascem, em grande número, da boa consciência e da vontade de sobrevivência, existe também entre os seres humanos um movimento para aproximar-se dos semelhantes, um anseio de ligação com eles, a curiosidade e o desejo de melhor conhecimento mútuo. Esse movimento começa com o amor entre o homem e a mulher, quando provêm de famílias diferentes. Por intermédio do novo casal, essas famílias se aproximam e formam um clã, em cujas fronteiras reina a paz.

O intercâmbio

Outro caminho que leva diferentes famílias e grupos a se aproximarem, superando o temor recíproco, é o intercâmbio entre o dar e o tomar. Ele traz vantagens a ambos os lados, unindo-os mais intimamente entre si. Às vezes esses grupos também se associam contra a ameaça de outros grupos, procurando assegurar em comum suas chances de sobrevivência.

Quando necessitam de aliados num conflito, eles se associam contra um inimigo externo comum, intensificando assim o seu intercâmbio e a coesão mútua. Dessa maneira, a ameaça proveniente de um inimigo externo contribui para a paz interior.

A consciência

Paralelamente, esse grupo desenvolve uma consciência comum, sob cujo influxo seus membros se distinguem daqueles que não lhe pertencem. Essa consciência faz com que se sintam melhores do que os outros e os depreciem. Tudo o que está a serviço do próprio grupo e é exigido como condição para fazer parte dele é recompensado pela consciência com o sentimento de ser bom e de ser melhor. Nesse contexto, todas as ações empreendidas contra outros para reforçar a distinção e a proteção contra eles, inclusive os sentimentos agressivos que aumentam a disposição para a luta e o conflito, são aprovadas e recompensadas pela consciência. A paz no interior do grupo e a boa consciência que a garante são condições para o bom êxito na condução dos conflitos contra o exterior.

A impotência

Como se alcança então a paz entre grupos em conflito? — Geralmente, apenas quando ambos os lados já não suportam, quando esgotaram suas forças, com a condição de serem equiparados e perceberem que a continuação do conflito só lhes traz perdas. Então fazem a paz. Traçam novas fronteiras, respeitam-nas de comum acordo. Depois de algum tempo, recomeçam o intercâmbio do dar e do tomar, ou até mesmo se associam para constituir um todo maior.

O triunfo

O que acontece, porém, quando um grupo vence e subjuga outro que antes talvez tentara exterminar? Depois da vitória, o grupo vencedor perde sua coesão interna e o grupo dominado volta a afirmar-se. Com o triunfo começam, portanto, a dissolução do grupo vencedor e o seu declínio.

A compreensão

Descrevi isso, até aqui, numa perspectiva mais ampla e em traços essenciais. Como em outras coisas da vida, essa generalização não faz justiça à multiplicidade da realidade concreta. Também não se trata disso. Vistas do exterior, a guerra e a paz, em sua alternância e em sua dependência recíproca, aparecem como um destino inelutável. E continuarão a sê-lo enquanto as conexões mais profundas entre a guerra e a paz em nossa alma permanecerem inconscientes e, portanto, indisponíveis para compreensões essenciais.

Uma dessas luzes é que todo grande conflito termina em fracasso. Por que forçosamente fracassa? Porque nega o que é evidente e porque projeta no exterior o que só pode ser resolvido na própria alma.

Com isso não quero dizer que todos os conflitos podem ser resolvidos dessa maneira, ou que podemos viver sem eles. Os conflitos são parte integrante da evolução dos indivíduos e dos grupos. Entretanto, por meio das compreensões essenciais, eles podem ser resolvidos de outra maneira, com mais cuidado e com o reconhecimento das diferentes necessidades e dos limites impostos às soluções adotadas em comum. Pois, em última instância, toda paz exige alguma renúncia.

A paz interior

O indivíduo sente permanentemente em si o conflito entre diferentes emoções, necessidades e pulsões. Embora importantes, elas só podem impor-se e alcançar suas metas na medida em que se respeitarem e se compatibilizarem entre si. Nesse processo elas ganham algo mas também precisam renunciar a algo, pelo bem do todo maior. Quando elas estão balanceadas entre si, sentimo-nos bons e em paz. Mas enquanto estiverem em conflito, permanecendo indefinidos seus limites e suas possibilidades, sentimo-nos mal e, eventualmente, nervosos, estressados e doentes.

O que acontece aí, um conflito interno ou a internalização de um conflito externo? — O que ocorre é a projeção externa de um conflito interno. Para esclarecer essa interação entre o exterior e o interior, retorno à imagem dos campos mentais.

A paz num campo mental pressupõe que todos os que o integram sejam igualmente reconhecidos como tais. Isso só acontece quando os "bons" compreenderam a fundo o lado mau e perigoso da boa consciência. Só então podem ultrapassar suas fronteiras, enfrentando o sentimento de culpa e a má consciência. Só então podem conceder ao que rejeitaram, de modo especial às pessoas rejeitadas, um lugar com os mesmos direitos nesse campo.

A percepção

No interior de um campo é limitada a visão de seus integrantes, e os padrões se repetem, inclusive os padrões humanos de comportamento. Isso acontece, sobretudo, porque os rejeitados também rejeitam, com boa consciência, aqueles que os rejeitaram. O conflito entre os dois lados reduz-se a um conflito entre duas boas consciências que se opõem. Ambos os lados são limitados, e cada um deles imagina que vencerá o outro e se livrará dele. Isso faz girar a roda do conflito de uma maneira em que, alternadamente, os "bons" são vistos como "maus" e vice-versa.

Rupert Sheldrake observou que um campo só pode mudar se é colocado em movimento por um novo impulso externo. Esse impulso é algo mental, isto é, provém de uma nova compreensão. Inicialmente o campo se defende contra ela e procura reprimi-la. Mas quando ela se apossa de um número suficiente de seus integrantes, o campo põe-se em movimento como um todo. Então, pode abrir-se às novas compreensões, deixar para trás algo superado e mudar seu comportamento.

Uma nova compreensão seria, por exemplo, a percepção de que os grandes conflitos têm suas raízes na boa consciência e tiram dela suas energias agressivas.

Outra compreensão nova resultou da evolução do trabalho com as constelações familiares e seu desenvolvimento, a partir da expressão dos movimentos da alma. Verificou-se que, quando damos aos representantes numa constelação familiar tempo suficiente para se concentrarem e não interferimos, de repente eles são tomados por um movimento que se desenvolve sempre na mesma direção, no sentido de conectar, num nível superior, o que até então estava separado. Com isso, esses movimentos da alma nos proporcionam uma via de conhecimento em cujo termo os grandes conflitos perdem a sua fascinação e o seu sentido. Pois esses movimentos ultrapassam os limites da boa consciência e, conseqüentemente, os limites do próprio grupo. Eles juntam numa unidade maior os lados até então separados, e isso os enriquece e faz progredir.

A outra consciência

No nível dos movimentos da alma atua uma outra consciência. À semelhança de nossa consciência habitual que percebemos em termos de culpa e inocência, essa outra consciência que nos faz transpor os limites de nosso grupo e sintonizar com algo maior, congregando numa unidade e num patamar superior os lados opostos, também se deixa perceber por meio do sentimento. Isso só ocorre, porém, quando já progredimos um pouco no caminho que vai além de nossa consciência habitual. Essa outra consciência se torna perceptível por meio da paz ou da intranqüilidade; da serenidade alerta ou da desorientação, precipitação e recusa de saber. De resto, quando perdemos a concentração interior recaímos no domínio da boa e da má consciência. Estar em sintonia significa estar harmonizado com muitos — com todos, em definitivo — e não ser inimigo de ninguém. Na esfera da boa consciência, pelo contrário, uno-me a um dos lados e estou em conflito com o outro — até a vontade de extermínio.

Ingressar na esfera dessa outra consciência significa, portanto, abandonar as imagens de inimizade. Nesse nível continua havendo conflitos, pois são inerentes ao crescimento e ao desenvolvimento. Mas eles já não estão associados a imagens de inimizade, à vontade de extermínio e, sobretudo, à exaltação e ao zelo.

Onde começa, portanto, a grande paz? — Ela começa onde termina a vontade de extermínio, seja como for que o justifiquemos, e onde o indivíduo reconhece que não existem seres humanos melhores e piores. Todos estão enredados de seu modo particular, nem mais nem menos do que nós. Nesse sentido somos todos iguais.

Quando sabemos e reconhecemos isso, quando sabemos que nossa consciência tolhe a nossa liberdade, podemos nos aproximar uns dos outros sem arrogância. Respeitando os limites que nos são impostos, podemos olhar mais longe e ultrapassar nossa boa consciência anterior, para nos encontrarmos mutuamente em algo maior. Aí começa a grande paz.

O outro amor

O caminho para essa paz é preparado por um outro amor, que leva a transpor os limites da boa consciência. Jesus descreveu esse caminho quando disse: "Sede compassivos como meu pai no céu, que faz brilhar o sol sobre bons e maus e faz chover sobre justos e injustos."

Esse amor por todos, tais como são, é o outro amor, o grande amor que está além do bem e do mal, além dos grandes conflitos.

VÍNCULOS DO DESTINO

Observação preliminar

Quando algo especial se manifestava em meus cursos de constelações familiares, os participantes esperavam de mim, muitas vezes, esclarecimentos sobre as compreensões que causaram essa manifestação e as que dela resultaram. Assim surgiram reflexões intercaladas sobre temas diversos. Neste capítulo reproduzo algumas que versaram sobre o tema do destino, ampliando-as com alguns exemplos.

Essas reflexões atuavam como pausas de descanso, quando retomávamos fôlego após uma constelação e recobrávamos forças para o trabalho seguinte. Nelas ressoa a vibração do que as precedeu e se prenuncia o próximo desafio. Essas reflexões não foram programadas; elas resultaram espontaneamente das experiências vividas. Por isso são fluidas, envolvem ocasionais repetições e permanecem incompletas. São porém particularmente condensadas, e muitos pontos são apenas aludidos.

Elas giram em torno do tema deste livro, descrevendo círculos maiores ou menores. Mas a cada volta vibra nelas algo novo e toca a alma de uma outra maneira.

O outro destino

Cada pessoa com quem nos relacionamos mais de perto torna-se destino para nós — e nós nos tornamos destino para ela. Ninguém pode escapar disso: nem o outro, nem eu. Como estamos envolvidos em inúmeras relações, movemo-nos forçosamente numa rede de destinos pessoais. Às vezes, quando alguém procura evadir-se de seu destino ou de sua culpa, alguém o assume para si, envolvendo-se no destino alheio como se fosse o seu. Quando um desses envolvimentos se manifesta, por exemplo, numa constelação familiar, podemos nos desprender até um certo ponto e vivenciamos isso como uma liberação.

Tais envolvimentos são inevitáveis. Alguns permanecem presos neles na maior parte de sua vida. Todos permanecemos, de algum modo, cativos desses envolvimentos; alguns, porém, de um modo especialmente trágico.

A pergunta é a seguinte: Esses envolvimentos são maus? Quem nos garante o direito de nos livrarmos deles? E o que faremos quando isso acontecer? Seremos realmente mais livres? Ou, talvez, nos enredaremos imediatamente em alguma outra coisa? — Se intimamente aceitarmos esses envolvimentos, tais como são, e nos entregarmos a eles, na medida em que são dirigidos por poderes maiores, permaneceremos livres neles.

Destino é aquilo que nos mantém presos, sem que saibamos por quê. Para uma certa mulher, a morte de sua irmã gêmea no parto foi um destino particular. Contra esse destino ela nada pôde fazer, mas ele determinou toda a sua vida. Ela não pôde escapar dele. A morte de sua irmã foi destino também para o seu filho. Ele também não conseguiu escapar-lhe.

Numa constelação familiar podemos, ocasionalmente, ver como o destino atua. Quando um destino vem à luz podemos nos reconciliar com ele. Então, muitas vezes, ele se torna amigável, embora nem sempre fique mais leve. Mas quem assume o seu destino e se confia a ele, mesmo quando é pesado, ganha uma força que outros não possuem. Esclareço isso com um exemplo.

Exemplo: Mãe e filho

(De um curso no México, 2003)

Um rapaz de quatorze anos não queria continuar na escola. Sua professora ficou preocupada e procurou os pais para discutir o problema. Eles também não sabiam o que fazer. Resolveram então fazer a constelação da família e compareceram, em companhia do filho, a um curso que ofereci a pais e professores de crianças difíceis.

Fiz para eles a constelação da família. Coloquei o rapaz ao lado da professora, e diante deles coloquei ambos os pais.

Quando observei o rapaz, notei sua tristeza. Disse a ele: "Você está muito triste."

Ele começou a chorar, e sua mãe chorou também. Isso bastou para mostrar que seu problema estava relacionado com a mãe. Minha impressão foi que isso tinha a ver menos com ela pessoalmente do que com algum acontecimento ocorrido na família dela.

Então perguntei à mãe: "O que houve na sua família de origem?"

Ela respondeu: "Tive uma irmã gêmea que morreu no parto."

Então introduzi uma representante para sua irmã gêmea. Ela se postou a uma certa distância, olhando para fora. Logo pudemos notar que a mãe se sentia atraída pela irmã. Assim, coloquei-a atrás da irmã e perguntei-lhe como se sentia ali.

Ela respondeu: "Aqui me sinto bem."

Esse movimento deixou claro que a mãe queria seguir sua irmã na morte.

A seguir, tornei a colocar a mãe ao lado de seu marido, e em lugar dela, atrás da irmã gêmea, coloquei o filho. Quando perguntei a ele como se sentia, respondeu: "Aqui me sinto bem." Esse segundo movimento mostrou que ele queria seguir a irmã gêmea e estava disposto a segui-la, no lugar de sua mãe. Não admira que estivesse triste e sem vontade de aprender.

A solução

Antes de continuar com este exemplo, quero explicar melhor o que pode vir à luz em pouco tempo numa constelação familiar, e que conseqüências os acontecimentos anteriores na família podem ter para os membros mais novos:

1. Envolvimentos nos destinos de outros membros da família nos acontecem sem o nosso conhecimento e sem possibilidade de defesa. Assim, muitas vezes, nossos sentimentos e comportamentos são influenciados por destinos anteriores em nossa família.
2. A família, como um todo, é dirigida por uma força que abarca todos os membros e os toma a seu serviço para impor determinadas leis.
3. A lei mais importante defendida por essa força é a que proíbe a exclusão de qualquer membro da família. Quando, não obstante, isso acontece, — por exemplo, quando alguém é esquecido e ninguém quer lembrar-se dele, porque isso está associado a luto e dor, — esse fato tem efeitos a longo prazo, como pudemos ver no exemplo da irmã gêmea.

VÍNCULOS DO DESTINO

4. O primeiro efeito, neste caso, foi que a mãe quis seguir sua irmã na morte. Ela sentiu saudade e atração pela irmã e lhe disse em seu íntimo: "Eu sigo você." Mas não teve consciência disso nem de suas conseqüências.

5. O segundo efeito foi que o filho, ao perceber essa intenção da sua mãe, disse em seu íntimo: "Antes eu do que você." Também aqui, sem consciência disso.

Naturalmente perguntamos: O que poderia ter livrado a mãe e o filho desse envolvimento? A solução apareceu quando coloquei a irmã gêmea ao lado da mãe. Elas se encararam e se abraçaram com profundo amor. Assim a irmã gêmea foi de novo acolhida na família com amor. Não precisou continuar excluída.

Com isso, tudo mudou na família. A mãe pôde virar-se para seu marido e dizer-lhe: "Agora eu fico." Pôde virar-se para seu filho e dizer-lhe: "Agora eu fico, e você também pode ficar." Imediatamente a fisionomia do rapaz se iluminou e sua tristeza passou.

A alma

Nesse exemplo trabalhei diretamente com as pessoas envolvidas, com exceção da representante da irmã falecida. Mas podemos trabalhar também com representantes. Eu poderia ter escolhido representantes para os pais e para o rapaz, e pedir à mãe que os posicionasse nas suas respectivas relações. O resultado teria sido o mesmo, pois, nas constelações familiares, se evidencia que os representantes se sentem e se comportam como as pessoas representadas, embora nada saibam delas. Estão conectados a elas pela ação de um campo consciente comum ou, como prefiro chamá-lo, de uma alma comum. Por meio dessa alma os membros da família se conectam aos representantes e estes, por sua vez, aos membros da família. Com isso, quando numa constelação familiar se chega a uma solução, ela também atua imediatamente sobre os membros ausentes da família, sem que sejam informados dela.

Um exemplo: Numa constelação familiar em Israel, ficou claro que os três filhos de uma mulher queriam seguir na morte seu pai, que morrera prematuramente. Cada um deles dizia-lhe, em seu íntimo: "Eu sigo você." Como se revelou depois na constelação, também o pai tinha dito intimamente aos próprios pais, vítimas do holocausto: "Eu sigo vocês."

Durante essa constelação o representante do pai disse aos representantes dos filhos: "Se vocês realmente me amam continuem vivos."

Em seguida, cada um dos filhos disse ao seu pai: "Eu respeito, preservo e honro a vida que você me presenteou. Eu continuo vivo."

No dia seguinte um dos filhos telefonou da Índia para sua mãe e lhe disse espontaneamente, sem que tivesse sabido da constelação: "Eu continuo vivo."

A busca do culpado

Quando acontece algo de grave numa família, como o fim de uma relação ou alguma doença séria, algumas pessoas se perguntam: "De quem ou do que foi a culpa?"

Que efeito essa frase produz na alma? O que ela pressupõe? Essa pessoa pensa: "Se eu souber quem foi o culpado, se fui eu ou se foi alguma outra pessoa, isso poderia ter sido impedido ou mudado." Junto com a pergunta: "Onde está a culpa?" ressoa a idéia de que estava em nossas mãos evitar isso. Imaginamos então que tínhamos o poder de dominar esse destino.

É difícil admitir que algo nefasto, por exemplo, uma doença grave, um suicídio, a dissolução de uma relação, tenha ocorrido sem culpa de ninguém, simplesmente por força do destino. Entretanto, seria essa a atitude correta. Quem a adota fica em paz. Ao renunciar à idéia de que isso estava em suas mãos, ganha força para fazer algo novo.

Sobre este assunto também cito um exemplo:

Exemplo: Sacrifício de crianças

(De um curso para doentes de câncer em Salzburgo, Áustria, 2000)

REINHARD Tenho um carcinoma na próstata, e minha filha do meio está anoréxica há cinco anos. É terrível.

HELLINGER Você sabe o que significa anorexia? Conhece a sua dinâmica? Sua filha está dizendo em seu íntimo: "Antes desapareça eu do que você, querido papai." É uma dinâmica muito freqüente por trás da anorexia. E qual é a solução? Diga à sua filha: "Eu fico."

Na constelação da família as três filhas se postaram diante da mãe. Reinhard se colocou atrás de sua mulher. Ficou claro que ele quer deixar a família. Ele dá alguns passos para trás e se vira. Hellinger coloca a filha anoréxica na sua frente, de costas para ele, como se ela quisesse impedir que o pai fosse embora.

HELLINGER *para a filha anoréxica* Como se sente aí?

FILHA Tenho vontade de chorar. De qualquer maneira, é uma solução. Estou melhor do que antes.

HELLINGER *para o representante de Reinhard* O que mudou para você desde que ela ficou em sua frente?

REINHARD Estou melhor.

HELLINGER *para Reinhard* Se sua filha vai embora você se sente melhor. Isso aqui é como o sacrifício oculto de uma criança, um antigo costume que perdura, tanto nos pais quanto na criança. Nos pais atua a idéia: "Se a criança vai, nós podemos ficar." Na criança atua a idéia: "Se eu vou, meus pais podem ficar." A mensagem dos pais ou, mais precisamente aqui, a mensagem do pai para a criança é a seguinte: "Morra para que eu possa ficar." A criança está dizendo a você: "Eu morro para que você fique." É muito arcaica a dinâmica que está atuando aqui.

para o grupo Onde acontece algo como o que presenciamos, as soluções devem ser buscadas nas famílias de origem. Não as encontraremos se nos restringimos à família atual.

para Reinhard Sua boa vontade ou a de sua mulher não nos ajudarão aqui. Precisamos encontrar outra solução para a criança.

Injustiça negada

HELLINGER *para Reinhard, quando este menciona que a família de sua mulher foi expulsa da República Tcheca* Os pais de sua mulher eram nazistas?

REINHARD Não, muito pelo contrário. O que aconteceu lá foi que os alemães foram expulsos e tiveram que deixar tudo para trás.

HELLINGER Sua emoção trai você. Sua resposta pronta, acompanhada por essa emoção, é suspeita.

Hellinger escolhe três mulheres e um homem para representar os tchecos e os coloca lado a lado.

HELLINGER *para a mulher de Reinhard* O que mudou?

MULHER Tenho prazer em vê-los. Tenho muito prazer em vê-los.

HELLINGER Você consegue imaginar quem são?

MULHER Não sei. Gosto de vê-los. Existe algo aí.

HELLINGER São representantes de tchecos.

MULHER É bom olhar para eles.

A mulher caminha até a segunda tcheca e é abraçada por ela. Então se coloca ao seu lado.

HELLINGER *para a mulher* Como se sente agora?

MULHER Aqui estou bem. Aqui também eu cresço.

HELLINGER *para a primeira tcheca* O que se passa com você?

PRIMEIRA TCHECA Sinto o coração palpitando. Acho que não está muito certo. Algo puxa por mim.

Ela caminha para a frente, olhando para o chão, mostra incerteza, vira-se, olha para os outros tchecos e, lentamente, se deita no chão diante deles.

Hellinger escolhe representantes para os pais da mulher e os coloca diante da tcheca deitada no chão. A terceira tcheca começa a tremer fortemente.

HELLINGER *para a mãe da mulher* O que acontece com você?

MÃE DA MULHER Tenho um medo terrível. Sinto-me ameaçada por aqueles ali na frente. Gostaria de ficar junto das filhas. Creio que lá é melhor.

HELLINGER Siga o seu movimento.

MÃE DA MULHER Não consigo me mover.

HELLINGER *para o pai da mulher* O que você está sentindo?

PAI DA MULHER Fico imensamente triste quando olho os tchecos.

HELLINGER *para a terceira tcheca* Como você se sente?

TERCEIRA TCHECA Estou totalmente concentrada no pai da mulher e penso: "Não faça nada comigo."

Ela continua a tremer fortemente.

Agora o homem tcheco também se deita no chão, a alguma distância. A segunda e a terceira tcheca igualmente se deitam no chão.

HELLINGER *para os pais da mulher, quando tentam afastar-se.* Vocês precisam olhar para os mortos, precisam olhar para lá.

Os pais da mulher ficam imóveis e olham para os mortos. A mãe da mulher desvia então o seu olhar.

HELLINGER *para os pais da mulher* Deitem-se vocês também.
para as filhas Vocês todas se aproximem de seus pais. Fiquem diante deles.

As filhas se postam diante de seus pais e se sentem atraídas para eles.

HELLINGER *para o pai da mulher* Como se sente agora?
PAI DA MULHER Agora percebo o que aconteceu com os tchecos. Isto me faz muito bem.
MÃE DA MULHER Tenho a sensação de que me deitar ao lado deles foi a única solução possível. Nada mais funcionaria.

HELLINGER *para o grupo* Os movimentos dos representantes permitem concluir que os pais da mulher tiveram responsabilidade na morte de tchecos. Toda a dinâmica presenciada aqui, em sua veemência, mostra que houve algo assim. Também pudemos notar que, seja o que for que tenha acontecido, os perpetradores só ficam em paz quando se deitam ao lado das vítimas e estas só ficam em paz quando acolhem os perpetradores. Agora uma das vítimas pousa sua mão sobre a mão do pai da mulher. Eles se unem. O termo do processo de liberação para ambos, perpetradores e vítimas, é o seu encontro. Quando eles se juntam, os vivos podem afastar-se, como aconteceu aqui. Então o passado já não pode oprimi-los.

Uma das pessoas mortas põe sua mão sobre a mão do pai da mulher. Agora eles estão ligados. O fim do processo de solução para ambos, perpetrador e vítima, é eles se relacionarem. Quando estão juntos, os vivos podem se afastar, como aqui. Então o passado não pode mais perturbá-los.

PARA A MULHER Como se sente agora?
MÃE Agora estou muito bem.
HELLINGER *para Reinhard* Como está você?
REINHARD No início senti muita tristeza, mas agora estou melhor.

HELLINGER *para o grupo* Este é um exemplo de tudo que talvez ainda esteja sendo encoberto e negado na Alemanha e na Áustria: crimes negados, injustiças negadas. E fica claro como muitos descendentes sofrem com isso, até a terceira e mesmo até a quarta geração. O caminho para a reconciliação, nesse caso, consiste em que os perpetradores olhem as vítimas nos olhos e se defrontem com elas. Então existe esse movimento. Nas vítimas não vimos aqui nenhum ódio, absolutamente nenhum. O mais importante é que elas sejam respeitadas e que os perpetradores finalmente se deitem ao seu lado.

para Reinhard Vou contar ainda uma história importante para você e sua filha anoréxica:

O amor

Um homem sonhou à noite que ouviu a voz de Deus, que lhe dizia: "Levanta-te, toma teu filho, teu único e querido filho, leva-o à montanha que te mostrarei, e ali me oferece esse filho em sacrifício!"

De manhã o homem levantou-se, olhou para o seu filho, seu único e querido filho, olhou para sua mulher, a mãe do menino, olhou para o seu Deus. Tomou o filho, levou-o à montanha, construiu um altar, amarrou-lhe as mãos e puxou a faca para sacrificá-lo. Mas então ouviu outra voz e, em vez do filho, sacrificou uma ovelha.

Como o filho encara o pai?
Como o pai encara o filho?
Como a mulher encara o marido?
Como o marido encara a mulher?
Como ambos encaram Deus?
E como Deus — se existe — os encara?

Um outro homem sonhou, à noite, que ouviu a voz de Deus que lhe dizia: "Levanta-te, toma teu filho, teu único e querido filho, leva-o à montanha que te mostrarei, e ali me oferece o filho em sacrifício!"

De manhã cedo o homem se levantou, olhou para seu filho, seu único e querido filho, olhou para sua mulher, a mãe do menino, olhou para seu Deus. E lhe respondeu, encarando-o: "Isso eu não vou fazer!"

Como o filho encara o pai?
Como o pai encara o filho?
Como a mulher encara o marido?
Como o marido encara a mulher?
Como eles encaram Deus?
E como Deus — se existe — os encara?

HELLINGER *para o grupo* Não quero dizer mais nada. Mas isso mostra que a solução exige, com muita freqüência, uma enorme evolução interna.

Movimentos da alma

PARTICIPANTE Existem outros métodos, além da constelação familiar, para revelar injustiças ocultas?

HELLINGER Devemos ver a constelação familiar apenas como *um* dos meios para chegar a coisas ocultas. Quando aprendemos a seguir os movimentos da alma há outras possibilidades. Quando o oculto e os movimentos liberadores da alma se tornam visíveis, como aconteceu aqui, essa experiência e essa imagem não nos abandonam mais. Ao depararmos com algo semelhante em outras situações, sabemos quais são os passos que levam à reconciliação e ao respeito. Com isso se acrescenta algo ao que presenciamos aqui, e o movimento para a reconciliação segue adiante.

Há pouco tempo estive em Israel. As constelações que fiz lá tiveram uma força especial. No fim apareceram os mesmos movimentos que vivenciamos aqui, visando à reconciliação. Entretanto, também ficou claro que não podemos tomar em nossas mãos esses movimentos liberadores, como se fôssemos chamados a buscar essas soluções para outros. Elas decorrem espontaneamente dos movimentos da alma.

Terapia e política

PARTICIPANTE O senhor disse que não se pode, sem mais, transferir as luzes resultantes deste trabalho para a política e que seria ruim se tentássemos fazer isso por esse meio. Pode esclarecer isso um pouco melhor?

HELLINGER Como terapeuta não devo colocar-me no nível da política, pois aí atuam outras forças. Está claro para mim que a política é chamada a agir, de sua própria maneira, buscando a reconciliação. Porém os políticos têm uma vocação diferente e não temos o direito de misturar o terapêutico e o político. O que aconteceu aqui foi um procedimento terapêutico para a família de Reinhard. Querer transformar isso num movimento político seria antes subtrair do que somar. Os movimentos da alma não precisam disso. Eles são suficientemente fortes e atuam no tempo devido. Depois de algum tempo pode haver também uma mudança de consciência num campo mais amplo.

Devemos também ter em conta que essa dinâmica atua em muitos contextos diferentes. Entre as vítimas do holocausto e os perpetradores nazistas ela geralmente é mais impactante, embora também aqui tenha sido bem forte. Essa problemática também deve ser observada em outros países e exige soluções semelhantes. Por exemplo, no Chile presenciamos coisas semelhantes entre as vítimas do regime político e os perpetradores; em Buenos Aires, com as mães de desaparecidos; na Espanha, entre as vítimas da guerra civil. A constelação com as vítimas da guerra civil na Espanha foi documentada num vídeo que mostra como os mortos de ambos os lados se movem espontaneamente para um encontro mútuo, até que finalmente, reconciliados, jazem juntos em paz.

Soldados sobreviventes

Existe ainda outra dinâmica que precisa ser considerada nesse contexto. Ela afeta os soldados que voltaram da guerra. Muitos deles sentem um profundo anseio de juntar-se aos seus companheiros mortos e aos seus inimigos mortos. Isto também se manifesta de modo tocante nas constelações. Cito um exemplo.

Em Washington fiz a constelação de um homem cujo pai freqüentou desde criança uma escola militar. Na segunda guerra mundial ele comandou, como oficial, uma unidade que conquistou a ilha japonesa de Iwo Jima. Esse combate custou muitas vidas. Na constelação estava um representante do pai morto. Aí introduzi representantes de cinco companheiros dele que tinham tombado na campanha. O filho, que fazia a constelação, sentiu uma atração fortíssima pelos companheiros mortos do pai. Não era possível detê-lo, ele se sentia atraído por uma força irresistível. Numa última tentativa, coloquei diante dele o representante de seu próprio filho para segurá-lo. Mas ele disse ao filho: "Você não pode me segurar. Eu quero ficar com eles, não me importo com você." Isso era verdade, a atração que sentia era muito forte.

Então eu lhe disse: "Agora encare o seu filho." Apenas nesse momento, quando ele olhou nos olhos do filho, o encanto se quebrou. O desejo de associar-se aos companheiros mortos pertencia naturalmente ao pai desse homem. Mas então apareceu no filho o movimento de fazer isso pelo pai.

Por conseguinte, o movimento em direção às vítimas precisa ser observado em muitos contextos. Não podemos restringi-lo às vítimas e aos perpetradores do holocausto. Esses movimentos acontecem em muitos contextos, e temos de dirigi-los de modo semelhante, em favor dos envolvidos, no sentido de sua reconciliação. Com isso servimos à paz. Quando nos expomos interiormente a esses movimentos sentimos uma profunda paz. Quando consideramos apenas o número das vítimas mortas, milhões de mortos, os destinos individuais nos escapam. Mas quando imaginamos como eles jazem individualmente, isso tem uma outra qualidade.

Afinal todos são vítimas

Existe mais uma coisa a considerar em tudo isso: Não existem perpetradores, no sentido de serem maus. Nesses destinos manifestam-se movimentos, por trás dos quais está uma força que toma a seu serviço tanto os perpetradores quanto as vítimas. No fim, todos são vítimas. Isso também lança uma luz diferente sobre nossas concepções religiosas.

Aqui, nesta constelação de Reinhard, no momento em que todos se deitaram juntos já não havia perpetradores ou vítimas. Só havia vítimas.

Exemplo: Tchecos e alemães

(De um curso em Praga, 2004)

HELLINGER *para o grupo* Vaclaw me pediu que trabalhasse com ele. Mas não vou dizer do que se trata. E também não sei do que se trata. Vamos aprender agora a trazer algo à luz apenas por meio da constelação.

Vou fazer uma fila de antepassados. Isto é, vou colocar agora vários homens em seqüência, cada um deles representando uma geração. Observando os representantes poderemos concluir em que geração aconteceu o fato decisivo.

Hellinger escolhe seis homens como representantes e os coloca em fila. O primeiro representa o pai e sua geração, o segundo representa o avô e sua geração, o terceiro o bisavô e sua geração, e assim por diante.

HELLINGER *para esses representantes* Concentrem-se e percebam o que acontecerá com vocês.

O avô segura o pai, que começou a vacilar. O trisavô dá um passo para trás. O bisavô se vira para a direita e empurra com os braços os que estão a seus lados. O pai desaba no chão. O avô se abaixa com ele, amparando-o pelas costas.

Hellinger escolhe três representantes de pessoas mortas, fazendo-os deitarem-se de costas diante do bisavô. Todos os outros representantes, com exceção do pai, contemplam os mortos.

O bisavô dá um passo na direção dos mortos. Move os braços com uma expressão de desamparo, vira-se para ambos os lados e esconde o rosto entre as mãos. Após algum tempo deixa cair os braços e faz movimentos desajeitados. Então dá dois passos para trás, volta a aproximar-se dos mortos, toca um deles e se afasta outra vez.

Entrementes o avô sentou-se. Ele ampara seu filho pelas costas, arrasta-se com ele pelo chão até alcançar o bisavô, em quem se apóia pelas costas. O bisavô se inclina para ele e pousa as mãos em seus ombros. A seguir, leva uma das mãos à própria cabeça e se levanta de novo. O pai olha para o chão enquanto o avô o segura pelas costas.

Em seguida o bisavô se ajoelha e se curva profundamente diante dos mortos. Algum tempo depois ele se endireita, fica de cócoras e toca com a mão esquerda as costas do avô.

O trisavô se aproxima do bisavô e acaricia suas costas. O bisavô levanta-se e aproxima-se dele. Ambos se abraçam, olhando para os mortos.

HELLINGER *para Vaclaw* Agora entre e olhe para os mortos.

Vaclaw se posta diante dos mortos e olha para eles. Seu pai levanta a cabeça e olha para ele. O bisavô e o trisavô desfazem seu abraço. Postam-se lado a lado, de mãos dadas, e continuam olhando para os mortos.

Hellinger pede ao pai e ao avô que se levantem e olhem para os mortos. Ao trisavô ele pede que se afaste.

Depois de algum tempo Hellinger pede que todos os demais se afastem dos mortos, exceto o bisavô.

O bisavô cerra os punhos.

HELLINGER *para o grupo* Reparem nos punhos dele.

O bisavô se aproxima dos mortos e torna a cerrar os punhos. Faz um movimento desajeitado com a mão, toca o pé de um dos mortos, ergue-se e faz de novo movimentos desajeitados. Então cobre o rosto com as mãos e chora.

Aproxima-se novamente dos mortos, toca cada um deles, volta a mover-se desajeitadamente e olha em torno de si. Então se afasta dos mortos.

HELLINGER *para o bisavô* Não, não, não.

Torna a virá-lo para os mortos.

HELLINGER Diga a eles: "Eu assassinei vocês."

BISAVÔ Eu assassinei vocês.

O pai se agita e o avô precisa segurá-lo. O pai coloca o filho em sua frente e o segura pelas costas. O avô se posta atrás do pai e o enlaça, juntamente com o filho.
　Depois de algum tempo o bisavô solta um profundo suspiro. Continua movendo-se sem jeito, de vez em quando olha para longe e volta a olhar para os mortos.
　Algum tempo depois olha para a direita e a esquerda, na direção dos outros representantes. Então se ajoelha diante dos mortos, segura-os como se quisesse ressuscitá-los, e deita-se — finalmente — entre eles.
　Os três últimos antepassados se enlaçam pelas costas e olham para o chão.

Depois de um certo tempo, Hellinger faz com que Vaclaw, seu pai e seu avô se virem e olhem para os mortos, entre os quais se encontra seu bisavô.
　O pai faz uma profunda reverência. Vaclaw também se inclina profundamente. Em seguida ele se ergue e solta um profundo suspiro. Enquanto isso enxuga o rosto com a mão.

Depois de algum tempo, Hellinger escolhe um outro representante e coloca-o diante de todos.

HELLINGER *para o representante* Você é o poderoso Destino.
para os outros representantes Olhem todos para ele.

Todos se viram para o Destino e o encaram.

HELLINGER *depois de uma pausa* E agora olhem para além do Destino e digam intimamente: "Sim."

depois de algum tempo, para os mortos e o bisavô no chão Agora abram os olhos.

Vaclaw, seu pai e seu avô se dão as mãos.

HELLINGER *após um momento, para Vaclaw* Ajoelhe-se diante do Destino. Curve-se profundamente e se prostre diante dele.

para o representante do Destino Continue olhando para longe. Olhe para além de todos.

depois de algum tempo, para os representantes Obrigado a todos. Ficamos aqui.

para Vaclaw, quando este se senta de novo ao seu lado Como se sente agora?

VACLAW Algo se desprendeu de mim.

HELLINGER *para o grupo* O que mostrei aqui é a dinâmica básica por trás da esquizofrenia. Vaclaw me falou de um irmão e do que ocorre em sua família. Isso me revelou a presença de uma dinâmica esquizofrênica.

A esquizofrenia não é uma doença pessoal, ela revela uma desordem no sistema. Minha experiência me ensinou que, nas famílias onde se manifesta a esquizofrenia, ocorreu um assassinato, muitas vezes numa geração bem anterior. A fila dos antepassados permite descobrir em que geração isso aconteceu.

para Vaclaw Você sabe quem são os mortos?

VACLAW Não.

HELLINGER São alemães.

Vaclaw sacode incredulamente a cabeça, mas depois concorda.

HELLINGER *para Vaclaw* Esses mortos não foram apenas vítimas. Pudemos ver isso pelos movimentos de suas mãos. Foram também perpetradores. O que se representou aqui foi uma guerra.

Vaclaw reflete longamente, assente, respira profundamente e tenta dizer algo.

HELLINGER Não precisa dizer nada. Vemos que você está emocionado.

para o grupo Os movimentos dos representantes foram incrivelmente precisos. O pai, por exemplo, recusava absolutamente olhar para os mortos. O avô o puxou para perto, para que ele olhasse. Mas não funcionou.

O "assassino" (digo isso sempre entre aspas, porque aqui isso tem uma outra dimensão) empurrou seu destino para outras pessoas. Ele não olhava diretamente para os mortos porque os outros tomaram isso para si, inclusive de gerações anteriores. Por isso afastei todos, até que ele se defrontou sozinho com os mortos.

O movimento básico do "assassino" é o de se aproximar das vítimas. Pudemos ver isso aqui. Somente quando ele se deitou com os mortos houve paz.

Mas não podemos considerar o que aconteceu aqui simplesmente da perspectiva de perpetradores e vítimas, de assassinato e sacrifício. Isso pertenceu ao contexto maior de um destino a que todos estavam entregues.

Qual de todos eles é o maior assassino?

para Vaclaw Não precisa responder. Não creio que você saiba. Nenhum "assassino" age independentemente de Deus.

para o grupo Nesse nível cessa a distinção entre o bem e o mal. Em última análise, todos estão entregues. Só nos resta, no final, a veneração diante de algo desconhecido.

para Vaclaw Posso deixar assim?

VACLAW Sim, obrigado.

HELLINGER Vou fazer ainda um pequeno exercício com você.

Hellinger coloca frente a frente o "assassino" e Vaclaw. Pede a Vaclaw que se incline profundamente. Vaclaw se ajoelha e faz uma profunda reverência. O "assassino" se ajoelha diante dele, passa a mão em suas costas e pousa a cabeça em seu peito.

Depois de algum tempo ambos se levantam, sorriem e se abraçam afetuosamente.

HELLINGER *quando eles se soltam* Ok. Está bem.

Ambos dão um passo para trás e fazem uma leve inclinação.

HELLINGER Está bem, isso foi tudo.

para o grupo Aqui se manifesta mais uma coisa, que põe por terra todo o nosso pensamento habitual.

A verdadeira força de cura vem do perpetrador. E mais uma pergunta: Onde é que o divino é mais forte?

Depois de uma pausa Não preciso dizê-lo.

para Vaclaw Está bem. Tudo de bom para você.

Bons e maus

UM PARTICIPANTE Tenho uma pergunta sobre o desfecho da última constelação. Em seu trabalho, o bom e o mau foram suprimidos?

A segunda pergunta é a seguinte: Não existem criminosos de guerra? Ou trata-se apenas de pessoas enredadas?

HELLINGER A distinção entre o bom e o mau só existe na consciência pessoal alerta. Somente nela. Essa distinção significa apenas que é "bom" o que tem direito de pertencer ao grupo, e "mau" o que não tem esse direito. Essa distinção da consciência, onde os chamados bons se permitem excluir e condenar os maus, foi também assumida pelas grandes religiões. Não obstante, ela é apenas a conclusão de uma experiência da consciência pessoal e nada afirma sobre a realidade maior.

Mas que longo desvio resultou dessa distinção entre o bom e o mau, e quantas fogueiras precisaram arder até chegarmos a entender que essa distinção só é válida dentro de estreitos limites!

Entretanto, não se deve desculpar um perpetrador, um assassino. Isso é muito claro. Um enredamento não livra o indivíduo das conseqüências de sua culpa. Quando você encara simultaneamente o ato e as suas conseqüências, você também pode compadecer-se do perpetrador.

Certa vez, fazendo constelações numa prisão de Londres, trabalhei com um assassino. Coloquei apenas dois representantes, um para ele e outro para a vítima. Não interferi. Tudo transcorreu espontaneamente a partir dos movimentos de alma dos representantes. O representante da vítima estava cheio de raiva e mantinha os punhos cerrados. O assassino foi tomado por uma dor incrível, a ponto de desabar no chão. Então a vítima se aproximou dele e ambos se abraçaram. Em seguida, a vítima se levantou e se afastou. No final, perguntei ao verdadeiro assassino o que pensava a respeito. Ele respondeu: "Foi isso que eu sempre senti."

Quando representamos numa constelação, sem preconceitos e sem um secreto desejo de vingança, uma relação entre assassinos e suas vítimas, manifesta-se freqüentemente entre eles um amor incrível. No final, ambos se sentem nas mãos de um poder maior. Numa constelação com perpetradores e vítimas em Berna, todos mortos, disse um dos perpetradores: "Senti-me como se eu fosse um dedo de uma mão poderosa."

Essas experiências exigem uma mudança de mentalidade no que toca a vítimas e perpetradores. Somente então a reconciliação será possível.

O maior obstáculo para a reconciliação entre "bons" e "maus" são os justos. São eles que têm os sentimentos mais agressivos.

para o participante Respondi à sua pergunta?
PARTICIPANTE Sim.

Exemplo: Menino agitado — seu avô pertencia à polícia especial nazista (S.S.)

(De um curso em Karlsruhe, Alemanha, 2004)

PEDAGOGA Cuido de um menino de onze anos. Ele é hiperativo. Tem síndrome de deficiência de atenção e toma Ritalin desde os quatro anos de idade.
HELLINGER Não quero saber muita coisa do menino. O problema jamais está na criança. Eu olho noutra direção. O que se passa com os pais da criança?
PEDAGOGA Seu pai sofre de esclerose múltipla. O avô esteve na S.S. e ainda vive.

Hellinger escolhe um representante para o pai e deixa que ele se posicione. O representante permanece absolutamente imóvel.

HELLINGER *para o grupo* Ela disse que o menino é hiperativo. Ao mesmo tempo estamos vendo que seu pai é totalmente imóvel. Não é estranho?

para a pedagoga O que quer dizer isso? Pode significar que o menino se mexe pelo pai. Faz sentido para você?
PEDAGOGA Faz.
HELLINGER O que aconteceria se o pai se movesse? Vi que você tem uma idéia mas não se atreve a dizê-la.
PEDAGOGA Talvez ele tivesse um colapso.

HELLINGER Talvez ele tenha medo de se tornar um assassino. Sua imobilidade é uma defesa contra impulsos assassinos. OK, já temos uma idéia da origem da agitação do menino.

Depois de um momento, Hellinger escolhe um representante para o avô e coloca-o de frente para o pai. O avô olha para o alto. Seu filho vira a cabeça para o lado.

HELLINGER O pai do menino não olha para o seu próprio pai. É perigoso para ele — é o que pensa. Para onde olha o avô do menino? Ou, mais exatamente, o que está evitando olhar?

para a pedagoga Se ele pertenceu à S.S., sabemos, mais ou menos, o que ele não quer olhar.

PEDAGOGA O avô esteve numa prisão na Rússia e conseguiu fugir. Então foi para a Austrália.

HELLINGER Isso nos desvia. Informações em excesso distraem.

Hellinger escolhe quatro representantes para possíveis vítimas do avô e faz com que se deitem de costas no chão. O pai do menino desvia o olhar ainda mais para o lado. O avô continua a olhar para cima.

HELLINGER O pai do menino também evita olhar para as vítimas. Se algum dos dois se mover, a situação fica séria. Agora vou introduzir o menino.

Hellinger escolhe um representante para o menino hiperativo e o coloca em cena. O pai volta o olhar para ele. O menino se move muito inquieto.

HELLINGER *para o grupo* Agora o menino ficou inquieto.

para o menino, depois de algum tempo Diga ao seu avô: "Querido vovô." E olhe para ele enquanto disser isso.

O menino se vira e quer fugir. Hellinger o detém e traz de volta.

HELLINGER Volte aqui e diga a ele: "Querido vovô."

MENINO Querido vovô.

Ele começa a ofegar.

HELLINGER "Eu te amo."
MENINO *respira com dificuldade e então diz, bem baixinho:* Eu te amo.
HELLINGER "*Eu* te amo."
MENINO Eu te amo.

Ele mexe no pescoço com a mão direita.
HELLINGER Diga como eu: "Eu te amo."
MENINO: Eu te amo. *Eu* te amo.
HELLINGER Isso mesmo. Agora aproxime-se dele.

O menino caminha bem devagar e hesitante até seu avô. Ele pega o avô pelo braço, vira-se e olha para as vítimas no chão. O avô o enlaça com o braço, evitando olhar para as vítimas. O pai do menino se vira para as vítimas e as contempla.

HELLINGER Agora seu pai já pode olhar para as vítimas.
para o pai, depois de algum tempo Siga o seu movimento.

O pai do menino se deita junto das vítimas.

HELLINGER Precisamente. O movimento é esse mesmo.

para o grupo, algum tempo depois Agora preciso intervir para que haja progresso. O avô se afasta, isso impede a solução. Há um limite aqui que ele não ultrapassa.

Hellinger afasta o avô do menino, levando-o para perto das vítimas. O pai do menino, que jazia com as vítimas, vira imediatamente a cabeça para longe do avô, que agora dirige o olhar para as vítimas e as contempla.

HELLINGER *para o pai do menino* Olhe para seu pai.

O pai agora olha para o avô. O menino está muito inquieto.
   Depois de algum tempo o avô se ajoelha. O menino fica cada vez mais inquieto.

HELLINGER *para o pai do menino* Diga a seu pai: "Querido papai."
PAI Querido papai.

Depois um certo tempo o avô se levanta e se aproxima do filho.

HELLINGER *para o menino* Agora vire-se. Simplesmente vire-se.

O menino se vira e dá um passo adiante. Ao mesmo tempo o avô se ajoelha e segura o seu filho. Ambos se olham.

HELLINGER *algum tempo depois, para o pai do menino* Diga a seu pai: "Estou deitado aqui por você."
PAI Estou deitado aqui por você.

O avô se endireita um pouco, estando ainda ajoelhado, e olha para as vítimas.

HELLINGER Somente agora o avô olha para as vítimas.

O avô se arrasta em direção às vítimas.

HELLINGER *para o pai do menino* Agora levante-se e aproxime-se de seu filho.

Ele caminha lentamente até seu filho, constantemente voltando o olhar para trás, na direção das vítimas e de seu pai. Mesmo quando se posta ao lado de seu filho ainda olha para trás.
    O avô se deita junto das vítimas. Somente agora o pai abraça com carinho o seu filho, que soluça. Assim ficam por longo tempo. O avô olha para eles por um momento e depois fecha os olhos.
    Depois de algum tempo o filho se endireita nos braços de seu pai.

HELLINGER *para o pai* Diga a seu filho: "Eu seguro você."
PAI Eu seguro você.

O pai e o filho se encaram.

HELLINGER "Agora eu seguro você."
PAI Agora eu seguro você.

O menino balança a cabeça afirmativamente para o pai e diz:

MENINO Isso é bom.

Eles trocam sorrisos.

HELLINGER Creio que agora conseguimos.
para os representantes Agradeço a todos.

Sobre o procedimento

HELLINGER *para o grupo* Agora vou explicar em detalhe o que aconteceu aqui. Esse procedimento é talvez pouco usual para alguns de vocês.

para a pedagoga Como está você?
PEDAGOGA Bem.
HELLINGER Agora o menino tem uma chance. Você sabe o que deve fazer? Vou dizer-lhe. Chame o pai dele e conte-lhe o que se passou aqui, sem comentar nada. Simplesmente conte. Não responda a perguntas! Apenas conte, e depois o despeça.

Não conte nada ao menino. Apenas repare o que vai acontecer com ele.

para o grupo Vou esclarecer o procedimento. Em vez de colocar toda a família, começo com a pessoa mais importante, a que possui a chave para o menino. Quem a possui é principalmente o pai. Mas ele não pode mover-se, como pudemos ver.

Quando coloco uma pessoa numa constelação, ela entra imediatamente em conexão com o campo da família. Ela mostra o que é importante.

para a pedagoga Nenhuma outra informação que você desse sobre o pai nos teria ajudado. Como vimos, ele não conseguia mover-se. Esse foi o fato decisivo, e sugeria que sua imobilidade estava associada ao avô. Assim coloquei-o diante do avô.

para o representante do avô Aliás, você o representou magnificamente.

para o grupo Ele não se deixou influenciar por nada. Seguiu precisamente os movimentos da alma. É ruim quando um representante se comporta como um terapeuta, querendo reparar as coisas para o representado. Não, ele esteve totalmente presente, e por isso pude confiar nele. Ficou claro, também, como esse processo é lento, e como nada se consegue com soluções fáceis.

Então coloquei o avô diante de seu filho, que imediatamente desviou o olhar. Não queria olhar para seu pai. Esse movimento deixou claro que havia algo ruim. Não precisávamos saber mais a respeito. O avô olhava para o alto, desviando o olhar de alguma coisa, evitando olhar para o chão. Isso sugeria a existência de vítimas. De que tipo, não precisamos investigar. Podem ter sido inimigos, podem ter sido também civis. Isso não importa aqui. Apenas estava claro que o avô deixou de enfrentar alguma coisa.

Ter pertencido a uma brigada S.S. significa ter sido um perpetrador. Nem sempre num mau sentido. Muitos deles não foram criminosos. Mas combateram. E nisso houve mortos, muitos mortos.

para a pedagoga O fato de ter emigrado para a Austrália mostra que ele já não encontrava lugar aqui. Por conseguinte, não foi um simples soldado, teve alguma outra função.

para o grupo Este foi o passo seguinte, representar as vítimas. Escolhi representantes e mandei-os deitarem-se no chão. O pai continuou a desviar o olhar. Tudo para não olhar as vítimas! Tudo para não olhar para lá!

Então chegou a hora do filho. Logo pudemos verificar a razão pela qual ele é tão inquieto. Ele sentia irromper em si o que havia reprimido.

para a pedagoga Ele assume isso pela família. Por isso é um bom filho. É um filho amoroso. Precisa carregar algo pelos que não se movem.

Então fiz algo decisivo. O menino queria fugir. Sua inquietação é, no fundo, um movimento de fuga. Fiz com que ele encarasse o avô e lhe dissesse: "Querido vovô." Ele não conseguia dizer isso, demorou muito. Então levei-o a dizer: "*Eu* te amo." Eu, em oposição a outros. "*Eu* te amo." O que significa isso?

A *outra moral*

Um assassino não pode mover-se nem mudar enquanto não for amado. Esse é aqui o fator revolucionário. Somente o amor coloca algo em movimento.

para o representante do avô Você se emocionou quando ele lhe disse isso. Pudemos ver.

para o representante do filho Então mandei que você se aproximasse dele. Para você foi muito difícil chegar perto dele, muito difícil. Mas você recebia força do avô.

para o grupo Aqui a moral tradicional cai por terra. Quando alguém diz, por exemplo: "Esses perversos devem ser rejeitados, eles merecem cadeia", ele próprio se torna um perpetrador. Quem os rejeita tem os mesmos sentimentos assassinos que lhes atribui. Enquanto encontrarmos essa distinção moral entre bons e maus, não poderemos ajudar. É preciso reconhecer que um perpetrador também é um ser humano como nós.

É opinião geral que os perpetradores nazistas foram pessoalmente responsáveis por seus atos. Julga-se que eles eram totalmente livres para decidirem e, por essa razão, seus crimes lhes devem ser pessoalmente imputados. Isso eles não aceitam, pois realmente não é verdade. Eles foram possuídos por um movimento poderoso, como o foram os alemães daquele tempo, não apenas os do partido nazista ou da S.S. Todo o povo foi empolgado por um movimento poderoso, contra o qual os indivíduos, em sua maioria, não tinham como defender-se. Só puderam defender-se os que tinham apoio em outro lugar, os outros não.

O outro Deus

De onde vem esse movimento? De Deus. De onde mais poderia provir? Poderia ter provindo de algum outro lugar? Qualquer outro modo de pensar é absurdo. Naturalmente ele vem de Deus. Porém Deus é aqui apenas um nome. Esse movimento vem de um poder que dirige tudo.

Esse poder não é bom. Ele é poderoso mas não é bom em nosso sentido usual. Esses movimentos são movimentos divinos. Somente quando reconhecemos isso podemos ver que também o perpetrador esteve a serviço de um outro poder.

Nesta constelação não introduzi esse poder, mas poderia tê-lo feito. Pois o avô inicialmente olhou para lá, para o outro poder, ao qual estivera entregue. Pois também os perpetradores são vítimas, as mais deploráveis. No final das contas eles carregam o maior peso.

Perpetradores e vítimas

Somente quando o avô foi reconhecido e o neto lhe disse: "Querido vovô", ele se sentiu como um ser humano e pôde comportar-se como tal.

Isso não foi tão fácil, pois o avô não olhava para as vítimas. Por isso eu interferi.

Ficou claro que o filho dele, que não se moveu, sentia-se atraído para os mortos, em lugar de seu pai. Pois os perpetradores, seja qual for o poder a cujo serviço estejam, sentem-se atraídos por suas vítimas, e somente ficam em paz quando se encontram com elas. Mas o avô não podia encontrá-las. Por quê? Porque seu filho fez isso por ele.

para o representante do pai Somente quando você disse ao seu pai: "Eu faço isso por você" — o que foi decisivo — é que ele se arrastou em direção às vítimas. Somente então você pôde levantar-se, dirigir-se para seu filho e segurá-lo.

Destino e graça

A alma é grande. Ela é ampla, e está pronta. Mas não nos pertence. A idéia de que temos uma alma é estranha. Estamos numa alma. Participamos dela. Ela nos deixa participar de alguma coisa.

Na atuação da alma podemos observar que ela unifica elementos diversos. Realidades que aparentemente percebemos como contrárias encontram seu devido lugar nessa alma maior. Quando nos deixamos conduzir por ela percebemos que aquilo que rejeitamos, julgamos falso ou tememos encontra seu lugar em algo que depende de ambos e que nos alarga quando o acolhemos em nós.

O que contraria a alma? Nossos desejos, em primeiro lugar. Depois, nosso medo. Em vez disso, podemos nos deixar conduzir pela alma para chegar a algo desconhecido. Quando conseguimos isso e nos entregamos à alma, sentimos que ela nos presenteia com algo que é maior do que os nossos desejos e vai além de nossos medos.

Existe uma outra coisa que se opõe à alma: nosso destino. Muitas vezes estamos enredados pelo destino, amarrados em muitas relações que nos influenciam, sem que saibamos sua origem. Essas relações impedem o nosso desenvolvimento. Quando, porém, nos entregamos à alma e confiamos em suas profundezas, ela nos ajuda a superar esses destinos.

Muitos estão presos pelo destino, não porque o destino esteja contra eles, mas porque eles assim o querem. E por que razão muitos desejam um destino infeliz? Porque se sentem grandes quando se entregam a ele. E se sentem inocentes. Para mudá-lo precisariam ir além dele. Isso exige, via de regra, que abandonem algo em que tinham confiado e se entreguem ao novo.

Quando se consegue mudar o destino ganha-se mais alguma coisa. Muitos recebem isso como uma graça. Eu o resumi, certa vez, na seguinte história:

A liberdade

Um discípulo pediu a um mestre: "Diga-me o que é a liberdade!"

"Que liberdade?", perguntou-lhe o mestre. "A primeira liberdade é a estupidez. Ela se parece com o cavalo que, relinchando, derruba o cavaleiro, para depois sentir o pulso dele ainda mais firme.

A segunda liberdade é o remorso. Ela se parece com o timoneiro que após o naufrágio permanece nos destroços, em vez de subir ao barco de salvamento.

A terceira liberdade é a compreensão. Ela vem depois da estupidez e do remorso. Ela se parece com o caule que balança com o vento e, por ceder onde é fraco, permanece de pé.

O discípulo perguntou: "Isso é tudo?"

Retrucou o mestre: "Alguns acham que são eles que buscam a verdade de sua alma. Contudo, é a grande Alma que pensa e busca por intermédio deles. Como a natureza, ela pode cometer muitos erros, pois está constantemente substituindo, sem esforço, os jogadores errados por novos. Porém, àquele que a deixa pensar, ela concede, às vezes, certa liberdade de movimento. E, como um rio que carrega o nadador que se deixa levar, assim ela o leva à outra margem, juntando suas forças às dele."

MODOS DE ATUAÇÃO DA CONSCIÊNCIA

Observação preliminar

A boa consciência é a força propulsora que está por trás de quase todos os grandes conflitos. Por isso quero esclarecer, nas quatro grandes subdivisões deste capítulo, os seus modos de atuação. Nisso eu me repetirei algumas vezes como, ao subirmos em ziguezague ao cume de um morro, parecemos voltar sempre ao mesmo ponto e descortinar a mesma paisagem. A cada volta, porém, fizemos mais um trecho de nosso caminho e chegamos mais alto.

O que mais me interessa aqui é explorar o caminho que nos leva a transpor os limites da pretensa boa consciência, aqueles limites que ela impôs à superação dos grandes conflitos.

A consciência como destino

A consciência do vínculo

A consciência serve, em primeiro lugar, para vincular-nos à nossa família. Por isso temos uma boa consciência quando nos comportamos de tal maneira que estamos seguros de nossa vinculação à família. E temos má consciência quando nos comportamos de tal maneira que tememos ter perdido o direito de fazer parte dela. Com a ajuda da consciência podemos perceber exatamente o que precisamos fazer para pertencer à família, e o que precisamos evitar para não perder essa condição.

Essa percepção é instintiva. Podemos compará-la ao sentido do equilíbrio físico. Quando perdemos o equilíbrio sentimo-nos tão desconfortáveis que

MODOS DE ATUAÇÃO DA CONSCIÊNCIA

imediatamente corrigimos nossa posição até que o recuperemos. Algo semelhante se passa com a consciência. Logo que percebemos que não estamos mais
em conexão com nossa família e que precisamos temer perder nossa vinculação a ela, temos má consciência. E esta nos é tão desagradável que mudamos
o nosso comportamento para voltar a pertencer-lhe.

As diversas consciências

Que a consciência é algo instintivo pode-se ver pelo simples fato de que um
cão também sente boa consciência e má consciência, apesar de não afirmar-
mos que a consciência dele é a voz de Deus em sua alma, como costumamos
dizer da nossa. A consciência não pode ser a voz de Deus em nossa alma, caso
contrário não haveria consciências diferentes em diferentes famílias. Todo
mundo sente isso quando se casa. O homem pensa que o que valia na família
dele também vale para todo mundo, e a mulher pensa que o que valia na família dela também vale para todo mundo. Ambos brigam entre si com boa
consciência, tentando impor ao parceiro as regras da própria família.

O que acontecerá com seus filhos? — Quando seguirem a mãe terão má
consciência diante de seu pai, e quando seguirem o pai terão má consciência
diante da mãe.

Qual é a solução nesse caso? Cada um precisa reconhecer que a família
do parceiro é igualmente certa e boa. Cada um precisa ampliar a própria consciência, reconhecendo como humanamente correto e bom o que vale na família do parceiro. Enfrentando a má consciência, precisa encontrar um novo
caminho que reconheça e incorpore os valores e as experiências da família do
cônjuge. Portanto, só existe progresso com má consciência. Quem quer permanecer inocente permanece criança; adultos se tornam culpados, sem que se
tornem maus. Pelo contrário: ao se tornarem culpados tornam-se mais humanos. Sua alma se torna mais ampla e se abre às diferenças.

No âmbito da família é possível lidar com isso de um modo relativamen-
te simples. Mas como agir no caso de religiões e de culturas diferentes? Também aqui vale o mesmo princípio. Quem se desenvolve também precisa abrir
em sua alma um espaço para a outra religião, a outra cultura, a outra língua.
Com isso, porém, sente-se culpado em relação ao seu próprio grupo. Assim, só
podem reconciliar-se os que têm a coragem de assumir a má consciência diante de seu próprio grupo.

Um marcante exemplo disso ocorreu com o presidente egípcio Sadat quando visitou Israel. Seu próprio grupo o recebeu como um traidor, embora estivesse a serviço da paz. Por isso o assassinaram, e com boa consciência.

A boa consciência é perigosa. Todos os grandes crimes são cometidos com boa consciência. Por essa razão, precisamos aprender a ir além dela. O amor maior a supera. Quem permanece inocente também permanece limitado.

A consciência do equilíbrio

Este é apenas um dos aspectos da consciência pessoal. Além da função de vincular-nos à família, a consciência pessoal tem uma outra função. Ela vela pelo equilíbrio entre o que se dá e o que se recebe.

Quando alguém me dá alguma coisa eu me alegro, mas também tenho má consciência, pois me sinto em dívida em relação a essa pessoa. Por isso também lhe dou alguma coisa e volto a me sentir inocente, porque me livro da obrigação.

Se gosto dessa pessoa, dou a ela um pouco mais do que recebi. Com isso, ela se sente em dívida comigo. Como também me ama, ela também retribui com um pouco mais. Então eu me sinto novamente em dívida com ela e, porque a amo, também lhe retribuo com um pouco mais. Assim, em função da necessidade de equilíbrio, cresce o intercâmbio entre as pessoas que se amam. Essa é uma bela função da consciência pessoal que, de certo modo, força a compensação e aumenta o intercâmbio no bem.

O mesmo acontece, porém, quando alguém me faz algo de mal. Então também quero retribuir, pois sinto necessidade de compensar. Se eu nada fizer contra essa pessoa coloco em risco nossa relação, pois ela espera que eu lhe retribua na mesma moeda. Assim ela fica aliviada quando lhe retribuo nessa medida.

Porém, muitos não retribuem o mal ao outro na mesma medida, mas um pouco acrescido. Se ele lhes retribui também aumentando a dose, eles se vingam com um mal ainda maior. Assim vai crescendo entre eles o intercâmbio do mal. Nas relações políticas vemos numerosos exemplos disso.

Como se sai desse círculo vicioso? De um lado, é preciso vingar-se, pois quem fica apenas com a bondade destrói os relacionamentos. Mas é possível vingar-se com amor. Como? Fazendo também ao outro algo que lhe dói — é preciso — mas em menor escala. Com isso pode recomeçar o intercâmbio do bem.

A consciência coletiva

A consciência coletiva não é diretamente percebida por nós. Suas leis são trazidas à luz pelo trabalho com as constelações familiares. É uma consciência coletiva, pois envolve várias pessoas, dirigindo-as como um grupo. Entretanto, ela envolve apenas determinadas pessoas, que enumero a seguir.

Numa família são os filhos; em seguida, seus pais; os irmãos e irmãs dos pais, portanto os tios e tias; depois, os avós e, às vezes, alguns dos bisavós. Esses são os consangüíneos.

Contudo, ainda pertencem ao sistema outras pessoas sem vínculo de parentesco, a saber, todos aqueles cuja morte ou infelicidade beneficiou algum membro do sistema. Por exemplo, a segunda mulher de um homem foi beneficiada pela morte da primeira mulher ou por sua separação. Por isso ela pertence a esse sistema, embora os filhos da segunda mulher não sejam seus consangüíneos.

Uma outra coisa que é preciso saber só se evidenciou nos últimos anos. Se um dos membros do sistema foi um assassino, sua vítima pertence ao sistema. E se algum dos seus membros foi assassinado, seu assassino também pertence ao sistema.

Ninguém pode ser excluído

A consciência coletiva obedece a uma lei básica: *Ninguém que tenha pertencido ao sistema pode ser excluído dele. A nenhum deles pode ser negado o direito de pertencer ao sistema.* O que se passa quando, não obstante, isso acontece? Então a pessoa excluída é representada, mais tarde, por um outro membro do sistema, e torna-se destino para ele. Por exemplo, um marido anterior é representado por um filho no casamento ulterior da mãe. Então esse filho pode comportar-se como um rival diante do pai, pois inconscientemente representa o primeiro marido de sua mãe. A solução consiste em reconhecer o primeiro marido como um integrante desse sistema.

Em muitas famílias judias onde houve vítimas do holocausto, os perpetradores são representados por algum membro da família. De repente manifesta-se nessa pessoa uma energia assassina, cuja causa ela desconhece. Nessas famílias, os perpetradores foram freqüentemente excluídos e desprezados; por essa razão são representados. Dessa maneira, a energia dos perpetradores é transmitida de geração em geração, até que também eles recebam um lugar no sistema e não precisem mais ser representados.

Em Israel tivemos um belo exemplo disso. Uma mulher contou que seu pai foi assassinado por um árabe. Na constelação colocamos um representante do pai e, diante dele, um representante do assassino. Inicialmente o assassino recuou com medo. Depois ambos se encararam, aproximaram-se lentamente e se abraçaram. Em seguida o pai se estendeu no chão e o árabe se deitou ao lado dele. Na morte eles se reconciliaram. Agora já não é preciso que algum familiar do pai represente esse árabe.

Que conseqüências isso tem para nós? Quando olhamos para o que aconteceu na guerra, para os perpetradores e as vítimas de ambos os lados, vemos qual seria a solução para eles. Precisamos respeitar a todos como tendo igual direito de pertencer, e dar a todos eles um lugar no meio de nós.

Portanto, a primeira lei da consciência coletiva diz assim: Todos que fazem parte do sistema têm o direito de fazer parte dele; exatamente o mesmo direito de todos os demais.

A moral

Muitas pessoas dizem: "Eu sou melhor" ou "Eu sou bom e o outro é mau". O que significa isso, na prática?

Quem se considera melhor afirma: "Tenho mais direito de pertencer do que você. Você tem menos direito de pertencer do que eu." Ou, até mesmo: "Você não tem o direito de pertencer."

Isso é o que se chama Moral. Nela estão as raízes de todos os grandes conflitos.

A precedência dos mais antigos

A primeira lei da consciência coletiva afirma *que ninguém pode ser excluído.* Existe uma segunda lei importante. Na esfera de influência dessa consciência coletiva *os membros mais antigos têm mais direito do que os mais novos. E os mais novos não podem imiscuir-se nos assuntos dos mais antigos.*

Em todas as tragédias presenciamos a mesma dinâmica: um membro mais novo se atreve a fazer algo em lugar de um mais antigo: por exemplo, vingá-lo. As tragédias têm sempre o mesmo desfecho: todos morrem. Toda tentativa de um membro mais novo de imiscuir-se nos assuntos de um mais antigo termina em fracasso ou em ruína.

A solução é que respeitosamente nos afastemos dos mais antigos, de sua culpa e de seu destino, deixando que o conflito fique em seu devido lugar.

O fim das tragédias

Todas as transgressões da consciência coletiva são cometidas com boa consciência. É ela que leva os heróis trágicos à perdição. A consciência coletiva atua com muito mais força que a consciência pessoal. Assim, só existe solução para os envolvimentos trágicos quando o pretenso herói se recolhe humildemente, sentindo ser o menor, e consegue resistir à sua boa consciência.

Como é possível alcançar isso? — Quando, em lugar de seguir a consciência pessoal, olhamos para aquilo que é conveniente e possível à consciência coletiva, ponderando sobriamente os efeitos de ambos os comportamentos. Então talvez possamos evitar as tragédias.

Consciência e alma

O conflito entre as consciências

A consciência coletiva não conhece a distinção entre bom e mau, no sentido da consciência pessoal. No domínio da consciência coletiva ninguém pode ser excluído, nem mesmo quem é julgado mau pela consciência pessoal. Aquele que, sob o seu influxo, foi banido como pretensamente mau, é trazido de volta, sob o influxo da consciência coletiva, por meio de alguém que o representa.

O que a consciência coletiva considera mau e culpável é justamente a exclusão de alguém — portanto, exatamente o contrário do que a consciência pessoal julga bom. Pressionado pela consciência pessoal, o indivíduo, baseado no sentimento de inocência, é induzido a fazer algo que transgride a consciência coletiva. Por exemplo, um filho, agindo por amor, tenta assumir, em lugar de seus pais, a expiação por alguma culpa. Com isso, embora se sinta inocente, ele se coloca acima dos pais, tornando-se culpado perante a consciência coletiva. Conseqüentemente, sob a pressão dessa consciência, sua ação fracassa.

Os movimentos da alma

Fomos educados para ser responsáveis. Mas justamente esse traço é a causa de muitas desgraças, fracassos, acidentes e suicídios, em conseqüência de propósitos como estes: "Eu sigo você", ou "Eu vou em seu lugar". Para escapar dessas conseqüências, o indivíduo precisa submeter-se a uma purificação, que lhe permita transpor os limites impostos por essa consciência e ingressar noutro espaço onde reinam outras leis que o ajudam nessa superação. Esse é o espaço da alma, num sentido mais amplo, o espaço dos movimentos da alma.

Aqui também está em jogo uma vinculação. Mas esta ultrapassa os limites de nossa família e dos outros grupos a que pertencemos. Esses movimentos também podem ser chamados de movimentos de uma consciência — porém de uma consciência mais compreensiva, que integra num todo maior o que antes estava separado.

O caso do aidético

Como se manifestam os movimentos da alma e dessa consciência maior e mais abrangente? Citarei um exemplo.

Um aidético no México pediu-me para fazer a constelação de sua família. Ele fora contaminado por um amigo que lhe ocultara o fato de ter contraído a doença. Na constelação coloquei diante do aidético um representante de seu amigo. Eles ficaram frente a frente e se olharam por longo tempo. Então tive uma luz sobre o movimento da alma do rapaz, e levei-o a dizer ao amigo: "Eu esperava por isso" — portanto, algo totalmente diverso do que era de esperar. Mas a frase revelou-se verdadeira.

Então escolhi uma mulher para representar a doença e coloquei-a ao lado do amigo. O aidético se ajoelhou, abraçou os pés de ambos e lhes fez uma profunda reverência, numa atitude de entrega. Foi um movimento da alma.

Um movimento como esse é incompatível com o movimento habitual da consciência. Quando o rapaz se ajoelhou diante de ambos, levei-o a dizer a eles: "Eu aceito isso de vocês", do mesmo modo que um filho diz aos pais: "Eu aceito a vida de vocês." E foi totalmente verdadeiro.

Assim, esses movimentos profundos da alma não temem o sofrimento e a morte. Sua dinâmica é totalmente diferente. O doente ficou em perfeita paz consigo mesmo e com o Todo maior.

Quando permitimos aos movimentos da alma que se desenvolvam e se desdobrem, eles sempre unem alguma coisa, conectando o que estava separado. O movimento profundo da alma é sempre um movimento de amor, onde tudo finalmente se une.

Consciência e doença

Saúde e consciência

Por seus efeitos sensíveis, a saúde e a doença são comparáveis à boa e à má consciência. Quando tudo corre bem em nossos relacionamentos temos uma boa consciência. Sentimo-nos acolhidos, seguros e integrados em nossa família, e sentimos algo semelhante nos outros grupos a que pertencemos. Esse bom sentimento é vivido como inocência e, para a maioria das pessoas, é o mais belo e desejável dos sentimentos. Todas as homenagens e distinções que recebemos da família ou de outras pessoas confirmam e asseguram esse sentimento e o nosso direito de fazer parte dela.

Algo semelhante se passa com a nossa saúde. Quando todos os nossos órgãos se harmonizam e quando o corpo, a alma e a mente cooperam e servem às necessidades da vida, sentimo-nos bem, saudáveis, leves e seguros, confiantes e voltados para a vida. Sob esse aspecto, a saúde funciona como a boa consciência. Tal como ela, é desejável, promete e traz felicidade.

Doença e consciência

Quando agimos em nossos relacionamentos de uma maneira que compromete nossa vinculação à família, temos má consciência e nos sentimos culpados. Essa sensação é tão incômoda que nos força a mudar nosso comportamento para recuperar nosso direito de pertencer. Assim, do mesmo modo que a boa consciência, a má consciência está a serviço da vinculação e do bem-estar. Apesar de seu desconforto, ela também está a serviço da felicidade por seu objetivo e seus efeitos.

Algo semelhante nos ocorre, muitas vezes, com a doença. Apesar de incômoda, dolorosa e freqüentemente perigosa, ela nos força a pensar na saúde e a desenvolver esforços para recuperá-la. Desse modo, à semelhança da má consciência, a doença também contribui para uma vida melhor. Nesse sentido ela é boa.

Doença e boa consciência

Contudo, observamos que muitos doentes crônicos ou com risco de morte parecem felizes, apesar de doentes ou por isso mesmo, como se a doença lhes proporcionasse uma boa consciência.

Em outras palavras, a doença lhes dá a sensação de se sentirem vinculados, inocentes e acolhidos, do mesmo modo que outros se sentem felizes em sua boa consciência. Assim como outros sentem a inocência como o bem supremo e a máxima felicidade, a doença é útil a essas pessoas para conseguir ou preservar essa inocência.

Dessa maneira, o anseio pela inocência pode favorecer a doença, pois a saúde parece colocar em risco a inocência. Com isso, a boa consciência impede ou até mesmo sabota o correto tratamento da doença. Nesse caso a saúde cria a má consciência e a doença proporciona a boa consciência. Como isso é possível?

O *amor cego*

Pela necessidade de fazer parte, a criança dentro de nós quer assemelhar-se a alguma pessoa querida, por exemplo, à sua mãe doente. Quando sofre o mesmo que a mãe, ela sente-se unida com a mãe no amor. Para conservar ou recuperar a saúde, essa criança precisa da bênção da mãe. E justamente quando a olha nos olhos, o mesmo amor que a fez adoecer permite, e até mesmo exige que, com a bênção da mãe, faça tudo para recuperar sua saúde.

Portanto, esse amor não deve considerar apenas o próprio coração. Deveria atentar também para o amor da mãe, que deseja o bem da criança mais do que o seu próprio. Em outras palavras, esse amor cego precisa abrir os olhos para que a criança, em vez de adoecer com inocência, fique sã com inocência.

Muitas vezes, porém, esse amor cego conduz não somente à doença, mas também à morte, quando a criança diz à falecida mãe ou ao falecido pai: "Quero estar com você, quero seguir você." Esse anseio é irresistível em alguns doentes, e requer muita força para fazê-los retornar à vida.

Também aqui o amor cego precisa abrir os olhos, encarando, por assim dizer, a pessoa querida que faleceu e percebendo que o anseio de estar com os mortos não alcança o fim desejado. Pois a morte é mais do que um reencontro e causaria dor aos mortos se um vivo pensasse que sua morte lhe permitiria reunir-se a eles, proporcionando alegria a eles e a si mesmo. Nesse particular, é necessário haver um esclarecimento e uma compreensão depuradora de nossos desejos mágicos.

Desse amor cego também nasce a idéia de que é possível morrer em lugar de uma outra pessoa, para que ela se cure, continue viva ou não precise mais expiar por uma culpa sua — na pressuposição de que um tal sacrifício apagaria a culpa pessoal. Nesse contexto, a doença e a morte, que ocorreriam como conseqüência do amor, estão também associadas à boa consciência.

A *felicidade*

Nada é mais difícil de suportar do que a felicidade. Muitos suportam facilmente a desgraça; não, porém, a felicidade. Os infelizes, em sua maioria, sentem-se ligados à própria família por sua própria infelicidade. Sentem-se inocentes e com boa consciência, e isso é um grande consolo em sua desgraça. Inversamente, quem está feliz enquanto pessoas de sua família estão sofrendo, costuma sentir a consciência pesada. Então faz todo o possível para voltar a ser infeliz, e acaba ficando feliz na desgraça.

Assim, quando alguém está feliz ou obteve alguma vantagem, ao mesmo tempo em que outros em volta dele estão infelizes ou ficaram em desvantagem, ele se sente culpado em relação a eles. E também se sente culpado em relação ao destino ou a Deus. Quando alguém fica feliz porque se curou de uma doença grave, o que faz ele se for devoto? Oferece a Deus um sacrifício para pagar por sua felicidade. Muita gente acha que sua felicidade será tanto maior quanto mais ele pague por ela. Nunca pude confirmar a verdade dessa crença. Quem paga muito perdeu muito mas dificilmente ganhou algo, exceto sua sensação de inocência.

O que se deve fazer então para conservar a felicidade? Primeiro, é preciso agradecer, pois a felicidade geralmente não é merecida. Ela é uma dádiva. Aceitá-la simplesmente como tal, sem contrapartida, é difícil para nós. Mas é mais fácil aceitá-la quando o fazemos com gratidão.

Para que ousemos conservar a felicidade precisamos fazer algo mais: que os outros compartilhem dela. Quando passamos um pouco de felicidade adiante deixamos também felizes outras pessoas. Assim a felicidade aumenta e pode permanecer. Esse é um de seus segredos.

Quando numa família um filho é deficiente e os outros são sadios, muitas vezes os filhos sadios não se dão o direito de assumir a própria felicidade, sendo o irmão doente. Pensam que ele ficará melhor se eles também adoecerem ou ficarem limitados, achando melhor haver dois infelizes do que um só.

Qual seria a solução neste caso? — Que os irmãos sadios digam ao deficiente: "Você é doente e nós somos sãos. Temos essa vantagem sobre você. Faremos algo de grande com nossa saúde e lhe daremos parte nisso. Quando você precisar, mais tarde, estaremos prontos para ajudá-lo." Então o irmão deficiente também fica feliz.

Agradecer e passar adiante

Um fato estranho é que os filhos venham, às vezes, a ter ódio da mãe, embora ela tenha feito tanto por eles. Gostaria de dizer algo a respeito.

Quando alguém recebe muito de outra pessoa, como uma criança recebe praticamente tudo de sua mãe, sente-se muito devedor em relação a ela e sabe que jamais conseguirá retribuir-lhe. Pois um filho jamais poderá compensar o que sua mãe fez por ele. Não suportando admitir que não poderá retribuir por tudo que recebeu, às vezes ele odeia ou recrimina a mãe, pois assim já não se sente tanto em dívida para com ela. Assim o ódio do filho contra a mãe pode ser uma defesa, para evitar reconhecer ter recebido tanto que não pode compensá-lo. Quanto mais alguém recebe, tanto maior pode ser sua raiva contra quem lhe deu tanto.

E como podemos agradecer à nossa mãe de modo que ela se alegre, embora não possamos retribuir-lhe? Dizemos a ela: "Recebi tanto de você que jamais poderei retribuir-lhe. Mas aceito isso com gratidão e, em sua memória, o repassarei a outros." Na medida em que passamos adiante o que recebemos, estaremos agradecendo à mãe. Pois ela fez o mesmo: também recebeu a vida de sua mãe e a transmitiu a nós. Se agirmos como ela poderemos aceitar tudo dela e suportar tudo o que recebemos, por muito que seja.

Nesse contexto há outra coisa a considerar. Quando uma criança foi precocemente bloqueada em seu movimento de aproximação da mãe, isto é, quando teve um grande anseio pela mãe mas não conseguiu chegar a ela, fica zangada e tem raiva de sua mãe.

Essa raiva é apenas o outro lado do amor. Se, por exemplo, uma criança precisa ficar no hospital e a mãe não pode aproximar-se dela, a criança se desespera. Quando ela volta para junto da mãe, muitas vezes está mudada. O amor parece ter desaparecido. E, mesmo quando a mãe a toma nos braços, a criança resiste. Essa reação é causada pela lembrança da separação prematura. Uma criança pequena não consegue processar a perda e expressa sua dor por meio da raiva. Sabendo disso, podemos ser mais compreensivos quando lidarmos com essa situação, inclusive com a raiva e o ódio, sabendo que aí está atuando um destino.

Dois tipos de inocência

As crianças estão profundamente ligadas a seus pais e à sua família. Seu objetivo, seu anseio mais profundo, é o de poder pertencer à sua família. Quem sen-

MODOS DE ATUAÇÃO DA CONSCIÊNCIA

te esse direito de pertencer sente-se inocente. Inocência significa justamente isto: Sinto que posso fazer parte. Esse sentimento nos liga à nossa família.

Esse vínculo e o amor que dele resulta são freqüentemente cegos. Pois, pelo desejo de ser inocente e de pertencer à família, a criança, muitas vezes, age de uma maneira que traz infelicidade e dano a si e a outras pessoas. O sentimento de inocência pode levá-la, por exemplo, a querer seguir pela morte pessoas de sua família, por exemplo, sua mãe ou seu pai ou um irmão prematuramente falecido, para unir-se a eles e assim poder fazer parte deles.

A criança também deseja seguir os destinos que tiveram conseqüências importantes em sua família. Por exemplo, se os pais se divorciaram quando a criança tinha três anos, quando ela crescer e tiver um filho com essa idade, talvez também se divorcie. E fará isso por estar vinculada ao padrão que vigora em sua família de origem, sem estar consciente dessa conexão. Várias decisões aparentemente livres têm, na verdade, esse tipo de vínculo.

Ou ainda, quando uma criança nota que alguém quer deixar a família, ela pode dizer-lhe em seu intimo: "Eu vou em seu lugar." Então ela pode desenvolver uma anorexia, dizendo em seu íntimo: "Antes desapareça eu do que você, querido papai — ou querida mamãe."

Ela pode ainda desenvolver alguma doença, sofrer um acidente ou suicidar-se para que alguém de sua família continue vivo. Esse é um pensamento mágico. Ele traz infelicidade para a criança e também para outras pessoas da geração seguinte. Pois quando alguém na família faz algo assim, mais tarde outros membros da família seguirão esse padrão, com o mesmo amor cego e a mesma inocência.

Como uma criança pode livrar-se dessa inocência cega e desse amor cego, amando e sendo inocente de um modo sensato que lhe permita continuar viva e ser feliz?

Se, por exemplo, uma criança quer seguir na morte sua mãe falecida, deve encará-la em seu íntimo. Então verá que se adoecer e morrer por amor à sua mãe, fará mal a ela. A criança não deve olhar apenas para si e para o seu próprio amor, precisa olhar também para o amor da mãe ou da pessoa a quem deseja seguir. De repente ela compreende que, se realmente a ama, precisa decidir-se a continuar viva. Então continuará viva em virtude de sua ligação e de seu amor, mas de uma ligação e de um amor esclarecidos, que também levam em conta a outra pessoa.

Consciência e conflitos

A consciência é, em primeiro lugar, um saber instintivo que acompanha toda ação que se dirige a outras pessoas. Ela é:

1. o saber sobre o que é necessário para pertencer ao grupo;

2. o saber sobre o que devo a outro quando dele recebi algo e ainda não lhe retribuí, ou quando fiz algo de mau a outro ou tirei algo dele e não sofri ou perdi algo em compensação;

3. o saber sobre o que devo a um grupo para que ele possa subsistir e atuar como um grupo; portanto, o saber sobre qual deve ser minha contribuição para que o grupo subsista e se desenvolva.

A boa consciência e a má consciência

Como sabemos o que a consciência exige de nós? — Pelos sentimentos de culpa e inocência. Ou, dito de outro modo, por meio da má consciência e da boa consciência. A má consciência nos leva a mudar o nosso comportamento, de modo a nos livrarmos dela. Então cessa o sentimento de culpa, sentimo-nos inocentes e com boa consciência.

A consciência não propõe conteúdos. Ela não é o conhecimento do *que* devemos fazer, mas o conhecimento de um estado ou sentimento interior. Não nos prescreve em detalhe o que precisamos fazer para perder a má consciência e para conservar ou recuperar a inocência. Nisso temos uma certa liberdade para escolher os meios. Podemos experimentar diversas possibilidades e testar, pela sensação resultante, em que medida elas nos ajudam a nos livrar dessa má consciência.

Portanto, a consciência é, em primeiro lugar, um sentimento que nos ajuda a perceber como devemos agir para assegurar nossa vinculação a um grupo importante para nós.

Os mitos

Em torno da boa e da má consciência se aglomeram muitos preconceitos e mitos que não resistem à comprovação. Eles conferem à consciência uma posição que, pelo que podemos experimentar, não compete a ela. Um desses preconceitos é o de que a consciência é a voz de Deus em nossa alma e por isso devemos segui-la incondicionalmente. Se fosse assim, todos os seres humanos deveriam ter a mesma consciência, o que evidentemente não ocorre. E não poderiam combater-se mutuamente, em guerras ou outros conflitos, com igual boa consciência.

A consciência assegura, em primeiro lugar, nossa vinculação aos grupos importantes para nós, principalmente àqueles de que depende nossa sobrevivência. Ela nos vincula a eles, independentemente do que exijam de nós.

Consciência e grupo

Sentimo-nos de início como integrantes de um grupo, e de uma tal maneira que nos sentimos incompletos e perdidos fora dele, sobretudo quando não podemos nos associar a outro grupo semelhante. Nos grupos importantes para a nossa sobrevivência, cada parte está a serviço do todo. Todos sentem que pertencem ao todo e que lhe são devedores. Por isso, quando é necessário, também estão dispostos a sacrificar-se pelo todo. Somente no todo o indivíduo atinge sua plenitude. E no todo ele sobrevive, mesmo que pereça a seu serviço.

Por conseguinte, a consciência serve menos à sobrevivência do indivíduo do que à do grupo. Ela é, acima de tudo, uma consciência de grupo. Só quando levamos isso a sério é que entendemos muitos comportamentos em nós e nos outros, que, de outro modo, nos parecem estranhos e descabidos.

Pela necessidade de pertencer, o indivíduo faz tudo o que o grupo exige dele. Em decorrência disso, quando obedece à sua consciência nesse grupo, ele não possui uma individualidade ou um eu independente. O que ele experimenta como sua individualidade e seu eu no grupo, seja o que for, é, no fundo, a individualidade e o eu do grupo. Por essa razão, muitos se alienam rapidamente num grupo, perdendo o bom senso e o discernimento. Tais pessoas, com sua boa consciência, tornam-se muitas vezes sinistras e perigosas para as demais.

O medo da consciência

A preponderância do grupo sobre o indivíduo leva a convicções e ações coletivas que não resistem a uma ponderação sóbria, antes a impedem e proíbem. Aqui fica claro o tipo de realização que se requer do indivíduo para livrar-se das amarras e prescrições da consciência do grupo. Ele precisa superar o medo das sanções que lhe são ameaçadas e impostas pelos que se obstinam nas convicções e prescrições do grupo.

Só quando superar esse medo é que o indivíduo poderá enfrentar a realidade, tal qual ela se mostra. Ultrapassando a consciência, ele poderá alcançar as compreensões que possam libertá-lo, mesmo que só parcialmente, da cegueira e das pressões da consciência.

A consciência despercebida

Além da consciência que sentimos existe uma outra consciência que não sentimos, cujas leis reconhecemos apenas por seus efeitos num grupo. Essa consciência escapa, em larga escala, de nossa percepção, principalmente porque nossa consciência habitual, que experimentamos como má consciência ou boa consciência, abafa nossa sensibilidade para essa outra consciência, recalcando-a para o inconsciente.

Ainda mais do que a consciência que percebemos, essa consciência é uma consciência de grupo. É uma consciência coletiva, comum à família.

Igual direito de pertencer

Essa consciência coletiva impõe duas leis fundamentais.

A primeira lei é a seguinte: *Todos os membros do grupo têm o mesmo direito de pertencer.* Em oposição à consciência que percebemos, essa consciência não permite a exclusão de nenhum membro. Por conseguinte, em sua jurisdição todos os membros de um grupo se sentem seguros. Contudo, quando um membro é excluído — muitas vezes sob o influxo da consciência manifesta — a consciência coletiva substitui o membro excluído por um membro mais novo do grupo. Então este sente e se comporta como o outro que foi excluído, sem que ele e os outros do grupo se apercebam dessa representação.

Por conseguinte, a consciência coletiva vela pela integridade do grupo e quer restaurá-la quando ela se perde. Nisso ela não leva em conta as razões que motivaram a exclusão. Em outras palavras, a consciência coletiva, ao contrário de nossa consciência habitual, é amoral ou, mais precisamente, pré-moral. É uma consciência arcaica que ainda não conhece a diferença entre bom e o mau no sentido moral. A consciência coletiva procura restabelecer a integridade do grupo, sem levar em conta a culpa ou inocência do membro que deverá mais tarde representar o excluído e trazê-lo de volta ao grupo. Também sob esse ponto de vista ela é amoral.

Por outro lado, essa consciência coletiva é moralmente superior à consciência que sentimos, porque confere prioridade à integridade do grupo e à sobrevivência de cada membro individual. Isso significa que, ao contrário da consciência moral que decide sobre a integração ou exclusão dos membros de um grupo e, em última análise, até mesmo sobre sua vida e morte, essa consciência despercebida protege a vida de todos os membros do grupo, inclusive contra a sentença da consciência moral.

MODOS DE ATUAÇÃO DA CONSCIÊNCIA

Anteriores e posteriores

A consciência coletiva vela ainda por uma segunda lei, que é igualmente arcaica e está a serviço da coesão e da sobrevivência do grupo que essa consciência abrange. Esta lei afirma: *Quem pertencia anteriormente ao grupo tem precedência sobre quem veio depois.*

Que sentido tem essa lei e quais os seus efeitos?

Ela atribui um lugar a cada membro, de acordo com sua idade. Embora aparentemente hierárquica, essa lei é um modelo perfeito de igualdade. Pois proporciona a cada membro, no decurso de sua vida, as mesmas possibilidades de ascensão. Elas não precisam ser conquistadas nem exigem lutas, pois resultam espontaneamente do decurso do tempo.

Assim essa lei assegura a paz interna e a coesão do grupo, impedindo as rivalidades e a luta por posições mais elevadas. Por isso ela constitui o princípio de ordem fundamental para a sobrevivência de um grupo onde cada um depende de todos.

Quem transgride essa lei torna-se para o grupo um inimigo interno que ameaça a sua sobrevivência. Por isso perde o direito de pertencer-lhe e, sob a pressão da consciência coletiva, é expulso do grupo. Antigamente isso também significava, naturalmente, uma sentença de morte. Quando se trata da sobrevivência do grupo, a consciência coletiva nega àquele que coloca em risco essa sobrevivência o direito de pertencer ao grupo.

É importante ressaltar que o que descrevo aqui se baseia em observações. Pois essa lei continua agindo hoje com igual rigor nas famílias. As tragédias familiares começam quando algum membro transgride essa lei.

O trágico

As tragédias obedecem a um idêntico padrão básico. Nas tragédias gregas, por exemplo, mas também nas tragédias familiares, vemos como algum membro mais novo da família se imiscui em assuntos de um membro mais antigo, sobretudo querendo assumir por ele algo que não lhe compete, como mais novo. Geralmente, são filhos ou netos que querem assumir algo por seus pais ou antepassados: uma culpa, uma tarefa, uma expiação. Eles fazem algo a favor de uns e contra outros na família. Assim fazendo, obedecem à sua consciência e sentem-se inocentes e bons. Porém, transgridem a segunda lei da consciência coletiva. Eles não se dão conta disso porque sua consciência pessoal exige essa transgressão e os recompensa por ela com o sentimento do direito e da inocência. Mas a consciência coletiva os castiga com o fracasso ou a ruína. Por isso as tragédias gregas geralmente terminam com a morte do herói.

Os heróis trágicos, em seu coração, são crianças que querem fazer algo por membros mais velhos. Todas as tragédias começam por essa arrogância (a *hýbris* dos gregos) e por isso terminam mal.

Soluções

A partir das luzes sobre as funções de ambas as consciências entendemos onde estão as saídas e as soluções.

Das luzes obtidas sobre as funções dessas duas consciências, que de um lado se opõem e de outro se completam, resultam conseqüências de peso para a convivência humana. Somente essas compreensões nos permitem entender os elementos irracionais, cegos e assassinos que muitas vezes aparecem em nosso comportamento e no de outras pessoas. Somente elas nos permitem entender o que está por trás de certas doenças e suicídios, e as lutas de poder em que todos acabam perdendo.

A *sintonia*

Em razão das luzes adquiridas nesse caminho, ultrapassamos os limites de nossa consciência pessoal, particularmente os limites que ela impõe à nossa percepção. Isso, entretanto, não exige que abandonemos os grupos a que pertencemos. Pois essas luzes também são úteis ao grupo e ao seu desenvolvimento, e o ajudam a abrir-se a outros grupos, a outras luzes e a outras possibilidades, aos quais o grupo tinha se fechado pela pressão da consciência pessoal.

Não obstante, a vinculação ao nosso grupo e, em conexão com ela, a sobrevivência desse grupo, são bens muito valiosos. Não podemos nem devemos abandoná-lo, pois dele depende também a nossa sobrevivência. Por essa razão também aplicamos ao nosso próprio grupo as luzes obtidas sobre a consciência e nos submetemos em certa medida a ela, reconhecendo-a como a força que mantém o grupo unido.

A *evolução da consciência*

Como a consciência não é uma compreensão ou um saber, no sentido filosófico, mas a percepção do sentimento que nos adverte em que medida nosso comportamento assegura ou ameaça nossa vinculação ao grupo, ela também pode

MODOS DE ATUAÇÃO DA CONSCIÊNCIA

mudar e evoluir quanto aos conteúdos a que reage. Isso sempre se evidenciou na história. Coisas que nossos antepassados faziam, talvez com boa consciência, como entrar numa guerra com entusiasmo, são hoje quase impensáveis para nós. Por isso o filósofo que em sua via de conhecimento adquiriu novas compreensões que ainda não foram percebidas e reconhecidas pela consciência, também a respeita como realidade, e aguarda até que algo dessa realidade se manifeste a ela, permitindo-lhe agir em adequação com essas novas luzes.

A consciência espiritual

Também o espírito está em conexão, porém com tudo, inclusive com as oposições. Ele percebe imediatamente se está, ou não, em contato e sintonia com todas as coisas, tais como elas são. Como está em sintonia com tudo, não toma partido por um lado contra o outro.

Como percebemos a sintonia e a ligação no nível do espírito? Como notamos que a ligação cessou ou está ameaçada, e que perdemos a sintonia?

A sintonia é uma atitude recolhida que se relaciona ao todo, tal como ele é. Ela permanece no amor a tudo e a todos, tais como são. Qualquer diminuição ou perda dessa sintonia é percebida como inquietação. À semelhança de nossa consciência instintiva, a consciência espiritual também nos adverte com sentimentos de desconforto e desassossego, comparáveis aos sentimentos de culpa e má consciência.

No nível do espírito sentimos tranqüilidade e segurança quando nos sentimos unidos e sustentados pelo todo. Esse sentimento é comparável ao sentimento de inocência da boa consciência. Contudo, é também um sentimento espiritual — embora não seja apenas isso —, pois acompanha a compreensão, é vigilante e aberto.

Ao contrário da consciência instintiva, a consciência espiritual é destituída de medo e de exaltação. Sua ação une, enquanto a outra consciência separa. Está a serviço da paz para todos.

O que é mal?

Muitas vezes distinguimos entre indivíduos bons e maus, entre comportamentos bons e maus. Nisso seguimos um movimento da consciência que nos impele a distinguir entre o bem do mal. Mas de que tipo de mal e de bem ela fala? Ela os encara numa ótica muito estreita. Sob a pressão da consciência, é bom apenas o que assegura nossa vinculação à família, e mau o que a coloca em risco.

Essa distinção é muito importante dentro da família, pois nos ajuda a preservar nossa pertinência a ela. Entretanto, nós a estendemos também a outros grupos. Assim, consideramos bons aqueles que se assemelham à nossa família e adotam idênticos padrões de valor, e maus, ou desqualificados, aqueles que se afastam desses padrões. Quando esses grupos divergem de nossos padrões, nós nos permitimos, sob o influxo de nossa consciência, desejar-lhes o mal e mesmo querer exterminá-los.

Os bons, os pretensos bons que desejam ir para o céu, não querem absolutamente encontrar lá pessoas diferentes deles. Isso ocorre sob o influxo da consciência. Ela cria o céu e o inferno. Ao desejar o inferno para os maus, os pretensos bons também se revelam maus.

Essa é uma das formas do "mau", e tem um caráter mais ou menos pessoal.

As forças adversas

Existe porém — esta é a idéia que faço — algo mau e grande, totalmente diverso de nossa maldade pessoal. São as forças adversas, que destroem o que construímos, colocam em risco, ameaçam destruir e às vezes efetivamente destroem o que conquistamos pessoalmente.

Quando olhamos para Jesus e pensamos no que ele fez, como homem de bem, e no grande amor que nos manifestou, e em sua maravilhosa sentença: "Sede misericordiosos como meu pai no céu é misericordioso para com todos, pois faz brilhar o sol sobre bons e maus e faz chover sobre justos e injustos", temos de reconhecer que para ele não havia bons e maus. Entretanto, como terminou ele? Na cruz. Ali atuou uma força adversa.

Os que o mataram eram pessoalmente maus? Ou estavam a serviço de uma força adversa, de uma poderosa força adversa?

Jesus exclamou na cruz: "Meu Deus, meu Deus, por que me abandonaste?" Então Deus foi fraco? Foi vencido pelas forças adversas? Ou mostrou, por meio delas, a sua grandeza?

Sempre que alguém cresce demais, as forças adversas fazem-no voltar ao equilíbrio — para a glória de Deus. Portanto, de onde vêm as forças adversas, esse grande Mal? De Deus.

Como devemos nos comportar na presença dessas forças? Devemos aceitá-las como desejadas por Deus. A consumação de nossa relação com Deus, ou com o Divino, é a entrega definitiva. Somente então glorificamos a Deus.

O que é bem?

Precisamos distinguir entre o que experimentamos como bom sob o influxo da consciência e o bem que transcende a consciência.

Na apreciação da consciência, é bom o que nos liga à nossa família e concorda com os valores dela. No entanto, cada família tem sua própria consciência, que difere das consciências de outras famílias e de outras pessoas. Em nossa própria experiência notamos, curiosamente, que temos uma consciência diante de nossa mãe e outra diferente diante de nosso pai. Por isso nosso comportamento muda diante de um e diante de outro.

Em algumas famílias é considerado bom o que em outras é censurável. O que é bom para umas é péssimo para outras. Também vemos essa diversidade nas guerras. Cada um dos lados se sente bom, via de regra, quando luta contra o outro. Os autores de atentados suicidas se sentem bons, pois seus atos são julgados bons, ou mesmo heróicos, por suas famílias e seus grupos. Todos os heróis têm uma boa consciência. Mas o que fazem como heróis? Matam outras pessoas. De que espécie é essa boa consciência? — É a boa consciência de uma criança. Entretanto, leva muitas pessoas à morte.

Todos os heróis são crianças. Essa afirmação envolve naturalmente algum exagero. Contudo, se considerarmos mais atentamente, para quem eles olham em suas façanhas heróicas? — São principalmente as mães que se orgulham de seus heróis.

O grande Bem

Entretanto, também podemos observar que, proveniente do fundo da alma, existe um bem diferente, que ultrapassa as fronteiras da consciência. Esse bem de natureza superior une em nossa alma os dois lados que a consciência moral havia separado. O que era visto como bom e o que era julgado mau são reunidos, nesse nível, como igualmente válidos diante de algo maior.

Mas estamos ainda numa perspectiva pessoal. Ultrapassando-a, existe ainda um outro movimento mais geral, um movimento potente, análogo ao que existe em relação ao mal. Esse Bem transcende o que desejamos e podemos experimentar como bom.

Nesse nível, até mesmo a morte e as catástrofes aparecem como boas, independentemente de nossa felicidade pessoal. Nesse sentido, também é boa a evolução, apesar das perdas. O que se perde com ela perde-se com proveito nesse movimento. Pois daí resulta algo novo, que talvez supere nossos desejos e nossa imaginação.

Como nos conectamos com esse Bem maior? — aceitando-o, tal como é, sem desejar que seja diferente. Sim, chegando a ponto de amá-lo. Mas não com um amor emocional, que é excessivamente pequeno para isso. Respeitamos esse Bem como querido por um poder superior e nos submetemos a ele, seja o que for que ele exija de nós. No assentimento a ele permanecemos tranqüilos, abertos a tudo e bons para com todas as coisas.

JUDEUS E ALEMÃES

Observação preliminar

O conflito aberto — e hoje muitas vezes encoberto — entre judeus e cristãos, e entre judeus e alemães, vem me ocupando há muito tempo. Em muitos seminários na Alemanha e em Israel, como também em outros países, deparei-me com esse conflito e fiz reflexões sobre os seus pressupostos. Somente aos poucos descobri os principais fatores responsáveis por esse conflito, no meu modo de ver, e acompanhei os seus traços nas almas dos judeus e dos cristãos, especialmente dos alemães.

O presente capítulo documenta esse esforço, mas estou bem consciente de estar ainda muito longe do fim.

Como nasceram de situações diversas, esses textos apresentam algumas repetições. Cada um deles é uma nova caminhada no intuito de entender o que parece estar além de toda compreensão.

O judaísmo em nossa alma

(Conferência no Congresso Internacional "Movimentos para a Paz", Würzburg, Alemanha, 2001)

Por "alma" entendo aqui a alma dos cristãos e a alma dos alemães. De fato, elas se inter-relacionam. Entretanto, tendo em vista o sofrimento do povo judeu sob o regime nazista, tratarei mais especificamente dos efeitos desse acontecimento na alma dos alemães.

Escolhidos e rejeitados

Na alma dos cristãos e dos judeus, a imagem da escolha de Deus ocupa um lugar central. Os cristãos tomaram dos judeus essa imagem e se denominaram o novo povo eleito. Em decorrência disso, consideraram o povo judeu como abandonado e rejeitado por Deus. A imagem da escolha pressupõe, portanto, que Deus tem predileção por um povo, exalta-o sobre os demais e lhe confere o domínio sobre eles.

O que desperta em nossa alma uma tal imagem de Deus? Temos o direito de atribuir isso a Deus? Esse Deus que escolhe e rejeita nos amedronta. E os próprios eleitos precisam temer que a qualquer momento também sejam rejeitados. Tais imagens provêm do fundo da alma: em primeiro lugar, da própria alma; a seguir, dos abismos da alma comum a um grupo maior. Dessa alma comum nascem as imagens de eleição e de rejeição que são projetadas no céu, e lá contempladas e temidas como algo superior a nós, como algo divino. Os que se sentem eleitos se identificam com o deus que escolhe e rejeita, escolhem e rejeitam como ele e assim se tornam temíveis para os outros, que consideram rejeitados.

O que acontece, porém, quando outros grupos e outros povos agem de acordo com idênticas imagens internas? O resultado é o que vemos nas guerras entre as religiões. Os grupos que se combatem não reconhecem a si mesmos nem os outros como indivíduos. Ambos os lados agem num transe de delírio coletivo.

Além disso, os cristãos, em sua alma, crêem no mesmo deus dos judeus. Portanto, em nome do mesmo deus dos judeus, eles julgaram o povo judaico como rejeitado e privado de seus direitos por ele. As terríveis dimensões que isso poderia assumir foram mostradas, em nosso tempo, pela tentativa dos nazistas de exterminar o povo judeu.

Pode-se objetar que os chefes nazistas e o movimento nacional-socialista não eram de modo algum cristãos. Não devemos nos deixar cegar. Pois o movimento nazista exibiu traços essencialmente cristãos e judaicos, a começar pela consciência de uma predestinação. Hitler sentia-se chamado pela Providência a conduzir o novo povo escolhido — sob a imagem da raça superior — para dominar o mundo e, nesse processo, para exterminar o antigo povo eleito. Por mais desfigurado e cego que hoje possa nos parecer, o movimento nacional-socialista, apoiado por vastas parcelas do povo alemão, buscou nessa consciência de missão, em larga escala, a energia para a Segunda Guerra Mundial. E os horrores que aí foram cometidos estavam a serviço de uma punição divina.

O fato de essa consciência de missão ainda não ter sido superada com o colapso do Terceiro Reich fica patente pela ação dos grupos radicais da direita e da esquerda. Eles manifestam uma consciência semelhante de missão e, muitas vezes, em decorrência dela, uma cega predisposição para a violência contra outros grupos.

Jesus e o Cristo

Contudo, por si só, a oposição entre o antigo e o novo povo eleito não basta para justificar a aversão de muitos cristãos pelos judeus e a crueldade dos *pogrons* e dos banimentos. Essa aversão tem ainda uma outra raiz, para mim a mais importante. Relaciona-se com a oposição irreconciliável entre o homem Jesus de Nazaré e a fé em sua ressurreição e exaltação à direita de Deus.

Entre os primeiros cristãos, o homem Jesus foi rapidamente relegado a um segundo plano. Sua imagem foi encoberta pela imagem do Cristo glorificado. Com isso os cristãos reprimiram a dolorosa realidade, de que Jesus, na cruz, se viu abandonado por Deus. O deus em quem tinha acreditado não se manifestou.

Eli Wiesel, um importante escritor judeu, conta o caso de uma criança que foi enforcada publicamente num campo de concentração. Diante daquele horror alguém perguntou: "Onde é que fica Deus aqui?" Eli Wiesel respondeu: "Está pendurado ali."

Quando Jesus, na cruz, clamou em alta voz: "Meu Deus, meu Deus, porque me abandonaste?", se alguém também tivesse perguntado: "Onde ficou Deus aqui?", a resposta teria sido a mesma: "Está pendurado ali."

Os discípulos não puderam suportar a realidade de Jesus abandonado por seu Deus. Esquivaram-se dela pela fé em sua ressurreição e pela crença em que ele está sentado à direita de Deus e virá julgar os vivos e os mortos. Contudo, a fé na ressurreição não eliminou de vez o homem Jesus e seu destino humano. Ele se encontra outra vez conosco na imagem dos judeus. Na alma dos cristãos o judaísmo representa, portanto, em primeiro lugar, o homem Jesus que os cristãos não ousaram mais encarar, a partir da crença em sua ressurreição dos mortos e em sua exaltação à direita do Pai. Deparar-se com o Jesus abandonado por Deus causa medo aos cristãos e os deixa com raiva. Assim eles se voltam, nos judeus, contra o Jesus que lhes dá medo. Esta é a imagem que faço quando observo o que se passa na alma de muitos cristãos.

Quando deixo que atuem sobre mim as imagens dos judeus durante sua perseguição no Terceiro Reich, como foram reunidos e mandados para a morte, e como se submeteram sem se defender, mansos e submissos, vejo neles Jesus: o homem Jesus e o judeu Jesus. Dessa maneira, as vítimas do holocausto passaram a desempenhar claramente, perante os cristãos, o mesmo papel em que os cristãos viram Jesus diante dos judeus. Eles incorporaram, como um povo, em seu comportamento e em seu destino, o comportamento e o destino em que os cristãos viram Jesus diante do Sinédrio e de Pilatos. Só que agora os algozes eram os cristãos, enquanto os judeus exibiam os traços de Jesus.

O mesmo Deus

Voltando à imagem da escolha por Deus, e em oposição a ela, eu gostaria de dizer algo sobre o começo da religião na alma, indagando o que ocorre na alma de cristãos quando se tornam cristãos, ou na alma de judeus quando se tornam judeus.

Uma criança, ao nascer, integra-se numa certa família. Tem certos pais, num certo clã, numa certa cultura, num certo povo, numa certa religião. A criança não pode escolher.

Quando ela toma a vida tal como a recebe, sem qualquer pergunta, com tudo o que essa vida lhe acarreta nessa família em termos de destino, possibilidades e limites, alegria e sofrimento, essa criança não se abre apenas aos seus pais, a esse determinado povo, a essa determinada cultura, a essa determinada religião. Ela se abre a Deus e àquilo que pressentimos por trás desse nome. Por isso a aceitação da vida dessa maneira especial é um ato religioso, *o* ato religioso propriamente dito.

Portanto, quem nasceu numa família judia não pode nem deve agir de outra maneira a não ser começando seu caminho para Deus de um modo judaico. Esse é para ele o único caminho possível e, portanto, também o único correto. O mesmo vale para um cristão. Por conseguinte, por mais diferentes que sejam os cristãos e os judeus em suas crenças, eles são iguais no que toca ao ato religioso essencial. Esse ato independe dos conteúdos de sua própria religião; por isso jamais poderá ser abandonado se alguém aderir a uma outra religião.

Num de meus cursos, um homem ainda moço procurou ajuda porque se sentia desconectado da vida. Revelou-se que seu avô era um judeu batizado. Ele próprio não se considerava judeu, mas cristão. Quando fizemos a constelação de sua família, coloquei ao lado de seu avô cinco representantes das vítimas do holocausto. O avô espontaneamente recostou a cabeça no ombro da vítima mais próxima e disse em seguida: "Aqui é o meu lugar." Quando o jovem foi solicitado a dizer ao avô: "Eu também sou judeu" e "Eu permaneço um judeu", ele só pôde fazê-lo com muito medo e com tremores no corpo. Contudo, quando o conseguiu, sentiu pela primeira vez o peso da afirmação.

O que houve aqui de realmente religioso: sua profissão de cristão ou sua volta às raízes judaicas? — Seu ato religioso fundamental foi sua confissão: "Sou judeu" e "Permaneço um judeu".

Uma árvore não escolhe lugar para nascer. Onde a semente cai é o lugar certo para ela. Isso vale também para nós. Para todo ser humano, o lugar de seus pais é o único possível e por isso é o certo. E, para todo ser humano, o povo a que pertence, sua língua, sua raça, sua cultura são as únicas possíveis e, portanto, as certas para ele.

Quando o indivíduo aceita isso nesse sentido essencial, recebendo-o humildemente de algo maior, superior a ele e a todos, e desenvolvendo-se, em seu lugar, com suas possibilidades, ele se sente igual a todos os outros seres humanos. Ao mesmo tempo reconhece que esse poder maior, seja qual for o nome que lhe demos, está necessariamente voltado para todos, doando da mesma maneira, e que portanto todos, por diferentes que sejam, são iguais diante dele.

Alemães e judeus

Diante desse quadro de fundo coloca-se a pergunta: Como podem os cristãos, especialmente os alemães, lidar com sua culpa em relação aos judeus? O que podem e devem fazer para superar essa culpa e dar aos judeus, em seu meio, o lugar que lhes compete? E como podem os judeus lidar com a culpa dos cristãos e dos alemães a seu respeito? O que pode conduzir à reconciliação? E será possível que haja uma reconciliação diante de uma culpa como essa?

Em alguns de meus cursos acumulei experiências sobre possíveis caminhos de reconciliação entre perpetradores e vítimas e, de modo especial, entre alemães e judeus. Foi decisiva uma vivência de um curso em Berna, na Suíça. Certo homem, após fazer a constelação de sua família atual, sentiu-se levado a acrescentar uma informação importante: era judeu. Coloquei então diante de sua família sete representantes para as vítimas mortas no holocausto e atrás delas sete representantes para os perpetradores mortos. Aos sete representantes das vítimas pedi que se virassem e encarassem os perpetradores. Depois não mais interferi, confiando-os totalmente ao seu movimento, que se processou espontaneamente.

Alguns dos perpetradores desabaram, curvaram-se para o chão e irromperam em soluços de dor e vergonha. As vítimas se aproximaram dos perpetradores, olharam em seus olhos, acolheram os que jaziam no chão, os ampararam e consolaram. No final, manifestou-se entre eles um amor indescritível.

Um dos perpetradores estava totalmente rígido e não conseguia mover-se. Então coloquei atrás dele um outro perpetrador, em quem ele se recostou, relaxando um pouco. Esse representante contou, mais tarde, que se sentira como se fosse um dedo de uma mão gigantesca, e estava totalmente entregue. Essa sensação foi também compartilhada pelos outros representantes. Todos, as vítimas e os perpetradores, sentiram-se dirigidos e sustentados por um poder cuja atuação escapa à nossa compreensão.

Numa constelação como essa, evidencia-se que não existem grupos, no sentido de estarem de um lado as vítimas e de outro os perpetradores. Existem apenas vítimas individuais e perpetradores individuais. Cada perpetrador precisa defrontar-se com cada vítima, e cada vítima com cada perpetrador.

Também fica claro que as vítimas mortas não ficam em paz enquanto os perpetradores mortos não se juntam a elas e não são recebidos e acolhidos por elas. Do mesmo modo, não existe paz para os perpetradores enquanto não deitam junto das vítimas, tornando-se semelhantes a elas.

Onde isso não acontece ou não é permitido, os perpetradores serão representados mais tarde por descendentes. Em nosso exemplo, enquanto os perpetradores da última guerra não ganharem um lugar na alma dos alemães, eles serão representados por radicais da direita. Em constelações com descendentes de vítimas judias, verifiquei também que em muitas famílias um dos filhos representava um perpetrador. Não se pode, portanto, prescindir da reconciliação com os perpetradores.

Na constelação de Berna também ficou claro que um envolvimento de destino só pode ser resolvido entre as pessoas diretamente envolvidas, a saber, entre determinado perpetrador e determinada vítima. Ninguém pode assumir isso em lugar deles, como se tivesse o direito, a missão e a força para tal. Por isso, naquela constelação, os representantes das vítimas e dos perpetradores mortos recusaram a intromissão dos vivos, pedindo que se mantivessem afastados e que a vida continuasse, sem que fosse limitada ou diminuída pelas lembranças. Pois os vivos devem estar livres para viver sua vida.

Nesse contexto, penso no efeito que produziria na alma dos cristãos se imaginarem Jesus morto encontrando-se no reino dos mortos com aqueles que o traíram, condenaram e executaram, e se nós mesmos olharmos também para esses perpetradores como seres humanos iguais a nós, em face do poder que dirige o seu destino. Então, por mais escandaloso que isto possa parecer a muitos, prestamos uma homenagem a todos eles. Reverenciamos, antes de tudo, esse grande poder que, por trás deles e por trás de nós, continua sendo um mistério insondável. Submeter-se dessa maneira a esse mistério, reconciliando-nos com todos, como seres humanos iguais a nós, seria um ato verdadeiramente religioso — e humano.

Nesse particular, fiz um exercício com uma judia que perdera muitas pessoas em sua família e sentia-se chamada a reconciliar os vivos e os mortos. Pedi-lhe que fechasse os olhos. Depois de algum tempo ela viajou em sua imaginação ao reino dos mortos. Postou-se entre os seis milhões de vítimas do holocausto. Dirigiu seu olhar para a frente e para trás, para a direita e para a esquerda. Ao lado desses milhões de vítimas jaziam também os seus assassinos. De repente todos se levantaram, vítimas e perpetradores, voltaram-se para o nascente, viram uma luz branca no horizonte e curvaram-se diante dela. Depois de reverenciar também essa luz, a mulher se retirou lentamente, deixando os mortos em sua veneração diante do que começava a erguer-se por trás do horizonte e, contudo, ainda permanecia oculto. Então afastou-se dos mortos e retornou à vida.

A *reparação*

Há casos, porém, em que os vivos ainda precisam encontrar os mortos, olhá-los de frente e deixar-se olhar por eles. Precisam fazê-lo, antes de tudo, aqueles que tiveram culpa por essas mortes e também aqueles que se beneficiaram de algum modo com o cruel destino de seus concidadãos. Em muitas constelações ficou claro que os indivíduos injustiçados assediam as almas dos que lhes fizeram injustiça ou se beneficiaram com sua desgraça, bem como as almas de seus descendentes. Isso dura um longo tempo, até que se reconheça a injustiça e os injustiçados sejam encarados e reconhecidos como seres humanos iguais a nós, e até que os honremos e façamos, junto com eles, o luto por seu destino. Então o que está separado se juntará e os nefastos efeitos da injustiça cessarão.

Agora contarei outra história, convidando-o a fazer, junto com ela, uma viagem da alma.

O regresso

Alguém nasce dentro de sua família, de sua pátria, de sua cultura. Desde criança ouve falar daquele que foi seu modelo e mestre, e sente um profundo anseio de vir a ser como ele.

Associa-se a outras pessoas que têm a mesma intenção, pratica a disciplina por longos anos e segue o seu grande modelo, até que finalmente torna-se igual a ele no que pensa, no que diz, no que sente, no que quer.

Contudo, algo ainda lhe falta, pensa ele. Por isso ele empreende uma longa viagem, desejando talvez ultrapassar no ermo mais distante o derradeiro limite. Passa ao lado de velhos jardins, há muito abandonados. Ali só continuam a florescer rosas silvestres. Árvores imponentes dão seus frutos todos os anos, mas por falta de cuidados eles caem no chão, sem ninguém que os queira. E aí começa o deserto.

O viajante logo penetra num ermo desconhecido. Sente como se todas as direções se confundissem, e as imagens que às vezes surgem em sua frente ele logo reconhece como miragens. Caminha para a frente ao sabor dos seus impulsos. E finalmente, depois de ter perdido a confiança em seus sentidos, avista diante de si a fonte. Ela nasce borbulhante da terra e logo adiante volta a infiltrar-se nela. Porém, até onde a água alcança, o deserto se transforma num paraíso.

Então, ao olhar em torno, vê que dois estranhos se aproximam. Tinham feito exatamente o mesmo que ele. Seguiram seus próprios modelos até se tornarem iguais a eles. Partiram igualmente para uma longa viagem, desejando talvez ultrapassar, no ermo mais distante, o derradeiro limite. E, como ele, encontraram a fonte. Juntos, eles se curvam, bebem da mesma água e crêem que quase alcançaram a meta. Então se apresentam: "Eu me chamo Gautama, o Buda." "Eu me chamo Jesus, o Cristo." "Eu me chamo Maomé, o Profeta."

Mas então cai a noite e sobre eles brilham as estrelas como sempre brilharam, inacessíveis, silenciosas. Os três emudecem, e um deles sente-se bem perto de seu grande modelo, como jamais estivera antes. Tem a impressão de que poderia pressentir, por um momento, como se sentiu ele ao conhecer a impotência, a frustração, a humildade. E como deveria sentir-se se conhecesse também a culpa. Teve a impressão de ouvi-lo dizer: "Se eles me esquecessem eu teria paz."

> Na manhã seguinte ele faz meia volta e abandona o deserto. Mais uma vez seu caminho o conduz por jardins abandonados, até que chega ao seu próprio jardim. Diante da entrada está postado um ancião, como se o aguardasse. O ancião lhe diz: "Quem volta de tão longe, como você, ama a terra úmida. Sabe que tudo o que cresce morre e quando termina se transforma em alimento."
>
> "Sim", responde o outro, "eu digo sim à lei da terra." E começa a cultivá-la.

O luto em comum

(De um curso em Neve Shalom, Israel, 2001)

HELLINGER Quando nos recordamos de algo que deploramos em nossa vida, por exemplo, de ter prejudicado gravemente alguém, e essa pessoa nos diz: "Eu o perdôo", como nos sentimos? Melhor ou pior? Maiores ou menores? Quem nos perdoa desse modo nos trata com superioridade e nos diminui.

O perdão

Nesse contexto quero dizer algo sobre a culpa. Ela nos confere uma força especial para fazermos coisas boas. Os inocentes têm menos força para isso. Somente quem se tornou culpado e assume a culpa e suas conseqüências tem uma força especial para fazer também coisas grandes e boas. Quando alguém perdoa um culpado priva-o dessa força e de sua dignidade, que são especiais.

Há pouco tempo li um artigo de Dan Bar-On, professor da Universidade Ben Gurion. Ele comenta que os alemães esperam receber o perdão dos judeus mas estes não estão dispostos a concedê-lo. Por sua vez, os israelenses esperam que os palestinos os perdoem. Assim eles negam o perdão, por um lado, e esperam recebê-lo, por outro.

O que aconteceria, porém, se os judeus perdoassem aos alemães? Então estes já não fariam um luto tão profundo pelas vítimas do holocausto e os israelenses não poderiam reconciliar-se com os alemães de uma maneira respeitosa. Portanto, o perdão não é um bom caminho para uma reconciliação duradoura.

A *dignidade*

Mas se os alemães admitirem que o que fizeram aos judeus foi de uma crueldade até então inimaginável em nossa época, se olharem para as numerosas vítimas assassinadas, deixando-se olhar por elas, e se as virem não apenas como um grupo mas, por assim dizer, uma a uma, eles sucumbiriam — e não somente os perpetradores individualmente, mas os alemães como uma nação. Pois praticamente todos os alemães participaram, de um modo ou de outro, da injustiça cometida contra o povo judeu.

Então todos ficariam pequenos diante das vítimas. Se os alemães realmente assumirem esse luto e a essa dor, recuperarão, em face dos sobreviventes, uma parte de sua força e de sua dignidade.

Todavia, um luto idêntico também precisa ser realizado pelos judeus. Pois muitos deles não ousam encarar realmente as vítimas do holocausto, olhá-las nos olhos, reconhecer seu sofrimento e seu destino, curvar-se profundamente diante delas e realmente chorá-las.

Se os judeus se condoerem assim de seus mortos e se os alemães se condoerem de suas vítimas, esse luto compartilhado poderá reconciliá-los entre si.

Mas enquanto se esperar ou se conceder perdão não haverá reconciliação.

Israelenses e palestinos

O mesmo vale, naturalmente, para o conflito entre Israel e os palestinos.

Há pouco tempo, no Congresso Internacional de Würzburg, Dan Bar-On, pelos israelenses, e Sami Adwan, pelos palestinos, falaram sobre caminhos para a paz entre seus povos. Eles ofereceram em parceria um grupo de trabalho onde ambos os lados puderam expor o seu ponto de vista sobre a expulsão dos palestinos, na esperança de que isso ajudasse a ambos em vista de melhor entendimento e aproximação. Naturalmente, sendo alemão, vejo isso num contexto mais amplo, lembrando que, assim como os palestinos foram expulsos da Palestina, muitos israelenses foram anteriormente expulsos da Alemanha.

Nesse grupo de trabalho, Dan Bar-On e Sami Adwan pediram-me que mostrasse, numa constelação, o que, pela minha experiência, poderia abrir caminho para uma reconciliação entre Israel e os palestinos.

Escolhi então cinco representantes para os palestinos, todos eles judeus. Em seguida escolhi cinco representantes para os israelenses, e coloquei ambos os grupos frente a frente, a cerca de dois metros de distância.

Uma representante dos palestinos olhava para o chão. Numa constelação familiar, isso significa que olhava para um morto. Por isso escolhi outro representante e pedi-lhe que se deitasse de costas entre ambos os grupos. Mas não lhe disse se estava representando um palestino ou um israelense, pois ambos os lados têm muitos mortos a lamentar nesse conflito.

A representante da palestina imediatamente se ajoelhou junto desse morto. Ela chorava aparentemente por uma criança que morrera como vítima desse conflito.

Uma representante de Israel quis aproximar-se dos palestinos, mas foi rejeitada por eles. Aparentemente queria pedir perdão mas não conseguiu.

Em seguida, os palestinos, dominados por uma profunda dor, se deitaram no chão, um depois do outro. Um dos israelenses também se estirou de costas no chão, chorando em alta voz. Também os outros israelenses foram tomados por uma profunda dor.

Nesse momento interrompi a constelação e perguntei a cada participante o que se passara com ele. Uma coisa todos sentiram em comum: um luto profundo. Nenhum dos palestinos fez reivindicações aos israelenses. Isso surpreendeu os expectadores israelenses, pois receavam que os palestinos iriam voltar e reclamar seus direitos sobre suas propriedades perdidas. Ficou claro, porém, que para eles importava, acima de tudo, serem olhados como seres humanos que muito sofreram. Cada lado pôde sentir o que ele próprio sofrera e o que fizera o outro sofrer.

A reconciliação

Este seria o movimento final da reconciliação: ambos os lados contemplam o sofrimento das pessoas de ambos os lados. Eles fazem o luto em comum. Em seguida, olham para a frente e consideram o que podem fazer no futuro, juntos e em benefício mútuo — sem olhar para trás, sem fazer novas exigências. Nessa base podem empreender algo que favoreça ambos os lados.

Isso eu pude experimentar também em outros contextos: só existe reconciliação quando ambos os lados choram em comum pelo que foi perdido.

O retorno do reprimido

Há pouco tempo, no Japão, uma mulher contou que seu avô morrera no ataque atômico a Hiroshima. Ela pediu minha ajuda porque se julgava um risco para seus pais e tinha medo de visitá-los. Não é uma idéia estranha, que uma filha tenha medo de ser uma ameaça para seus pais?

Escolhi duas pessoas para representar o avô e a bomba atômica. Entretanto, a mulher não fixava o avô mas a bomba atômica. Em vez de aproximar-se do avô, dirigiu-se para a bomba atômica e se escondeu atrás dela.

Esse é mais um exemplo de que, quando excluímos ou tememos alguém, tornamo-nos semelhantes a ele.

Algo semelhante presenciei em muitas famílias judias. Muitas vezes um membro da família representa um perpetrador, um perpetrador alemão que essa família rejeitou e excluiu. Assim não pode haver solução nem reconciliação na alma e na família enquanto alguém for excluído, embora seja um assassino.

Mas voltemos à constelação do Japão. O representante da bomba atômica olhou demoradamente para o avô, que lentamente se deitou no chão. De repente ficou claro que o avô e a bomba representavam, por trás das aparências, o Japão e os Estados Unidos.

Entretanto, os japoneses não foram apenas vítimas, foram também perpetradores. Por isso não se podia proceder nesse caso de acordo com o padrão: "Aqui estão os perpetradores e lá as vítimas."

Finalmente ficaram frente a frente os representantes do Japão e dos Estados Unidos. As vítimas de ambos os lados se deram as mãos e formaram um círculo em torno dos dois representantes. Só então o representante do Japão se aproximou lentamente do representante dos Estados Unidos, até que este lhe estendeu as mãos. A reconciliação começou entre as vítimas, e só depois aconteceu entre os perpetradores.

Aqui fica claro: um pedido de perdão, seja do Japão aos Estados Unidos, dos Estados Unidos ao Japão ou do Japão às nações que invadiu, seria de pouco valor. Aqui se exige mais: que se faça em comum luto pelas vítimas.

Exemplo: Luto em comum por crianças assassinadas

Em Neve Shalom, um jovem chamado Eli contou que seus pais, acompanhados por ele, por sua irmã e por outras crianças israelenses, viajavam de ônibus para o Egito, quando foram detidos por um guarda egípcio que atirou sobre eles, matando seis crianças, entre elas a irmã de Eli. Ele próprio e outras três crianças conseguiram escapar.

Para a constelação escolhi representantes para Eli, sua irmã, para as outras cinco crianças mortas e para o guarda egípcio. Mais tarde escolhi também seis representantes para crianças palestinas mortas por israelenses e pedi que se deitassem ao lado das crianças israelenses assassinadas. Houve algumas tentativas hesitantes de contato de ambos os lados, inclusive do guarda egípcio, que tentou tocar algumas vítimas. Mas todas essas tentativas foram rejeitadas. Mesmo quando introduzi representantes dos pais das crianças não houve grande mudança.

Depois de algum tempo, o representante de Eli aproximou-se do guarda egípcio. Ambos se estenderam a mão e se abraçaram. Isso movimentou a constelação. As crianças assassinadas de ambos os lados se aproximaram e se deram as mãos. Eli e o guarda egípcio se aproximaram dos pais do rapaz. Então todos se abraçaram. Reproduzo os comentários feitos após a constelação:

HELLINGER *para Eli* Somente quando o seu representante procurou o guarda egípcio é que os mortos conseguiram aproximar-se uns dos outros. No final todos jaziam juntos.

ELI Não senti nenhuma raiva do guarda egípcio.

HELLINGER Isso nós percebemos. Só menciono isso porque aqui nós pudemos ver que efeito faz sobre os mortos uma aproximação entre os vivos. Quando os vivos se movem, os mortos também podem mover-se.

As imagens de Deus

HELLINGER Comemoramos hoje o *sabá*. É um dia santo, em que aqui se comemora a ajuda de Deus ao povo judeu.

Deus é um grande tema para todos os homens e para todos os povos. A pergunta é a seguinte: Somos dignos de Deus? Procedemos de maneira a prestar-lhe homenagem ou o usamos para nossos fins? As religiões, em sua maioria, se utilizam Dele. Com isso, porém, deixam de estar a seu serviço.

Há muito venho refletindo sobre o que se passa na alma das pessoas quando pensam em Deus, e sobre o que nelas se passa quando o amam ou o temem. Nisso observei que existe uma estreita ligação entre as imagens que fazemos de Deus e os efeitos da consciência, inclusive sobre a maneira pela qual essas imagens nos afetam.

Em nossa consciência pessoal, que sentimos em termos de culpa e inocência, distinguimos entre o bem e o mal, entre pessoas boas e pessoas más, entre comportamento moral e comportamento imoral.

Como isso afeta a imagem que fazemos de Deus? Achamos que Ele também distingue, como a nossa consciência, entre bons e maus. Atribuímos a Ele os mesmos pensamentos e distinções que nossa consciência nos prescreve. Por conseguinte, o que vale como bom em nossa família, também é tido como bom diante de Deus. O que nossa família rejeita, Deus também rejeita.

Dessa maneira, estendemos a Deus a jurisdição de nossa consciência. Ele fica a seu serviço.

Muitas religiões têm um fundador. O cristianismo é atribuído a Jesus, embora não saibamos se ele realmente fundou uma religião. O cristianismo só se desenvolveu mais tarde, a partir de seus ensinamentos e dos ensinamentos de seus discípulos.

A religião judaica se reporta a Moisés, de uma certa maneira. Foi ele que promulgou as leis, embora a fé no Deus de Israel fosse bem anterior. O islamismo foi fundado por Maomé e o budismo nasceu com Buda.

Às vezes reflito no que ocorreria se, como seres humanos, nos encontrássemos com esses fundadores, igualmente como seres humanos. Se pudéssemos encontrar Moisés, ou Jesus, ou Maomé, ou Buda, o que se passaria em nossa alma? Permitiríamos que eles fossem absolutamente iguais a nós? O que mudaria com isso em nossa alma, e o que mudaria em nossa relação com eles? Ficaríamos menores ou maiores? E que efeito isso teria em nossa fé e em nossa atitude diante do poder a que chamamos Deus? Nossa ligação com esse poder ficaria mais profunda ou menos profunda? E que efeito isso teria sobre as relações entre as religiões e entre as culturas?

Não cabe a mim responder a essas perguntas. Limito-me apenas a fazê-las.

A mensagem da Sexta-feira Santa

(De um curso em Buenos Aires, 2001)

HELLINGER:

Hoje é Sexta-feira Santa. Para os cristãos é um dia especial. É um dia favorável ou um dia funesto? O que se passou nele? Jesus foi crucificado — um acontecimento corriqueiro em Jerusalém.

De Jesus, tal como realmente foi, pouco sabemos. Os evangelhos contêm diversos estratos. Em alguns deles ainda se vislumbra como era Jesus: um homem consciente de seus limites, consciente de sua dependência em relação a Deus, e que por vezes não conseguia o que queria. Portanto, basicamente, um ser humano como nós. Era assim que ele se via.

O que aconteceu então? Quando pendia na cruz ele clamou em alta voz: "Meu Deus, meu Deus, por que me abandonaste?" Nisso ele foi totalmente humano: um ser humano que atingiu os seus limites e precisou sentir que Deus permanece inacessível para nós. Sua grandeza consistiu em sentir isso e em defrontar-se com isso.

Mas o que foi feito desse Jesus? Para os discípulos que presenciaram isso e ouviram esse grito, a idéia de que Jesus fora abandonado por Deus foi insuportável. Eles não conseguiram defrontar-se com esse Deus grande, que permanece misterioso. Por essa razão proclamaram que Jesus ressuscitou, que se assentou à direita de Deus e virá julgar os vivos e os mortos.

O que sucedeu então? Quase não se falou mais do Jesus real. De repente ele perdeu a importância. Paulo raramente o menciona em suas cartas. Não o considerava importante. No entanto, suas cartas são os escritos mais antigos do Novo Testamento. Os evangelhos só apareceram bem mais tarde, trinta a cinqüenta anos depois. Eles foram escritos a partir da fé na glorificação de Jesus. Com isso o Jesus real foi relegado a um plano secundário.

Comparado ao Jesus real, do qual ainda sabemos alguma coisa, o Jesus glorificado é, no fundo, um Jesus terrível. Basta pegar o Apocalipse de João e ler como ele descreve Deus e o Jesus glorificado. Este chega cavalgando um cavalo branco. Diante das portas da cidade ele pisa os lagares da cólera de Deus. Um rio de sangue atinge as rédeas dos cavalos e flui por quilômetros de extensão. Não é apavorante? Deus será assim, e Jesus estará sentado à sua direita, onde só se fala de sangue e de punição? E esse Deus ainda é proclamado como um Deus de amor?

Nesse contexto transparece ainda algo nefasto: o ódio dos cristãos contra os judeus. No Evangelho de Mateus foi acrescentada uma passagem, aparentemente com uma intenção perversa, onde se diz que todo o povo gritou: "Seu sangue caia sobre nós e sobre nossos filhos." Aqui começou para os judeus seu caminho da cruz entre os cristãos.

Quanta coisa os judeus tiveram de sofrer dos cristãos! O mesmo que Jesus sofreu. Quando lemos e ouvimos o que foi feito ao povo judeu, vemos que no fundo foi exatamente o mesmo que deve ter sido feito a Jesus. E os judeus se comportaram do mesmo modo como se conta de Jesus. Como um cordeiro levado ao matadouro, eles não abriram sua boca. Foi isso que chamou a atenção no holocausto: centenas de milhares foram simplesmente levados e não se defenderam.

Que imagem nos passam agora os judeus? O judaísmo representa para nós uma imagem especial na alma. Pois o que os cristãos lhes fizeram, a maneira como agiram com eles, corresponde a uma certa imagem interior. Quem os judeus representam em nossa alma? O homem Jesus, que muitos cristãos já não querem reconhecer. Pela glorificação cometeu-se contra Jesus uma grande injustiça. Ele perdeu o direito de aparecer como um ser humano como nós. É preciso renegá-lo, caso contrário nos defrontaremos com o Deus que o abandonou e que também permanece inacessível para nós. Por essa razão, combatemos nos judeus o lado sombrio do cristianismo.

O dia de hoje nos oferece, talvez, a possibilidade de refletir como podemos voltar a fazer justiça, tanto ao homem Jesus quanto aos judeus.

Vimos anteriormente, numa constelação, o que acontece quando um assassino olha nos olhos de sua vítima, e como ambos de repente se unem no sofrimento em comum e encontram sua paz na morte. Nesse particular faço para mim uma imagem. Sugiro que imaginemos Jesus no reino dos mortos, encontrando-se com Judas, com os sumos sacerdotes que o condenaram, com Pilatos, com aqueles que o pregaram na cruz. Eles se olham nos olhos, encontram-se mutuamente, como seres humanos, lamentam o que aconteceu e assim encontram a paz. Com essa imagem em nós, podemos olhar também nos olhos dos judeus, como seres humanos, lamentar junto deles o que foi cometido contra eles, desde a Idade Média, em muitos países cristãos como a Espanha e a Rússia, e principalmente, em tempos mais recentes, na Alemanha. Então esse dia se tornará um dia de reconciliação e de paz.

Exemplo: "Sou um de vocês"

(do mesmo curso)

BENJAMIN Desde criança sofri muitos acidentes. Eles sempre me aconteciam quando eu estava no trânsito: andando de bicicleta, dirigindo um automóvel ou cavalgando. Em várias ocasiões sofri acidentes depois de ter conseguido coisas importantes em minha vida. Há uma semana saí de carro com meus filhos e de repente percebi que estava dirigindo perigosamente.

HELLINGER O que aconteceu com sua família de origem?

BENJAMIN Meu pai e meus quatro avós vieram da Europa e escaparam da morte.

HELLINGER O que quer dizer com isso?

BENJAMIN Meus avós paternos escaparam dos campos de concentração na Alemanha, e meu avô materno escapou da Rússia. Ele fugiu dos *pogrons*. Toda a sua família foi assassinada. Minha avó materna fugiu da Áustria. Também a família dela foi ali assassinada.

HELLINGER Você provém de uma família judia?

BENJAMIN Sim.

HELLINGER Está bem. Vamos colocar agora representantes para todos esses mortos. Quantos são?

BENJAMIN Muitos, nem sei quantos.

HELLINGER Vamos escolher seis. Escolha-os você mesmo.

Benjamin escolhe os representantes e coloca-os lado a lado. Hellinger pede que ele se poste diante deles.

Benjamin recua alguns passos. Cobre o rosto com as mãos, é dominado pela dor, tenta gritar mas não consegue. Enquanto isso, Hellinger escolhe seis representantes para os assassinos e os coloca lado a lado, formando um ângulo reto com relação às vítimas.

Benjamin bate os pés no chão e grita com profunda dor. Depois de algum tempo se ajoelha e golpeia o chão com os punhos. A seguir deita-se de bruços e grita alto. Entrementes, olha para as vítimas e para os perpetradores, geme, grita e golpeia o chão com os punhos. Depois de algum tempo levanta-se e olha para as vítimas.

Uma das vítimas se sacudiu por longo tempo. Algumas desabaram no chão.

Benjamin se acalma. Aproxima-se das vítimas, em seguida torna a recuar diante delas. Balança a cabeça, estende a mão para as vítimas e golpeia a própria perna. Então volta a chorar em voz alta e cobre o rosto com as mãos.

Adianta-se outra vez, ajoelha-se junto das vítimas, que nesse meio tempo jazem todas com olhos fechados, e beija cada uma delas na testa. Chora alto, levanta-se, afasta-se de novo com altos gritos e junta as mãos na frente do rosto.

Depois de algum tempo, Hellinger o coloca junto dos assassinos e lhe diz que de lá olhe para as vítimas.

Benjamin se acalma, olha para as vítimas e também para os assassinos. Passa lentamente por eles e torna a voltar. Então se posta diante deles.

HELLINGER *para Benjamin* Olhe os assassinos e diga: "Eu sou um de vocês."

BENJAMIN *com voz tranqüila* Eu sou um de vocês.

Ele confirma com a cabeça.

HELLINGER Isso mesmo.

para o grupo Ele está identificado com os perpetradores.

Benjamin confirma com um aceno. Ele inclina a cabeça enquanto se posta diante dos perpetradores, e chora.

HELLINGER *para Benjamin, algum tempo depois* Olhe para os mortos.

Benjamin se volta para as vítimas e chora. Mas ainda olha para elas.

HELLINGER *para Benjamin* Respire tranqüilamente.

Hellinger coloca a mão no peito dele. Benjamin se tranqüiliza.

HELLINGER Simplesmente olhe e respire tranqüilamente.

Benjamin olha para os mortos.

BENJAMIN *para Hellinger* Estou cansado, estou esgotado.

Volta a chorar.

HELLINGER Sente-se junto dos mortos, simplesmente sente-se.

Benjamin senta-se ao lado dos mortos. Estes continuam deitados, imóveis e com os olhos fechados.

HELLINGER Não há nada a fazer, morreram todos. Estão todos mortos, mortos há muito tempo.

Benjamin acena e chora. Faz um movimento desamparado com as mãos.

HELLINGER Agora acolha cada um deles em seu coração. Não apenas os que estão deitados aí, também os outros de sua família. Acolha todos e cada um deles em seu coração.

Benjamin coloca uma das mãos no coração, chora e bate de novo no chão.

HELLINGER Acolha cada um deles em seu coração — com amor.

Benjamin se tranqüiliza. Aproxima-se de um dos mortos e o acaricia nas costas.

HELLINGER Isso mesmo, acolha cada um deles em seu coração. Respirando profundamente. Respire profundamente, com muita tranqüilidade.

JUDEUS E ALEMÃES

Benjamin se aproxima dos mortos, acariciando e beijando cada um.

Também se aproxima de um dos assassinos deitado no chão, acaricia-o e beija-o. Então dá um passo para trás e se inclina, de mãos postas. Dá mais alguns passos para trás, fazendo-lhes uma reverência a cada passo. Então olha para os perpetradores e faz menção de afastar-se.

HELLINGER Agora vá também aos perpetradores.

Benjamin se aproxima de um dos perpetradores, acaricia sua face e pousa uma das mãos em seu peito. O outro toca seu ombro com uma das mãos. Benjamin torna a acariciá-lo no rosto e passa ao próximo.

Ele coloca uma das mãos em seu peito. O outro também o toca no ombro com uma das mãos. Benjamin o acaricia na face e passa ao seguinte. Pousa uma das mãos em seu ombro e o acaricia. Em seguida se abraçam. Passa para o seguinte e o acaricia também.

Aproxima-se de um dos assassinos que desabou no chão e que ele já tinha acariciado, beija-o e vai para o último dos perpetradores, que também jaz no chão há muito tempo, com os olhos fechados. Ele o acaricia, beija e abraça. Então se levanta e se afasta.

HELLINGER *para Benjamin* Está bem assim?

Benjamin acena que sim, e pousa a cabeça no peito de Hellinger. Abraçam-se por longo tempo.

Enquanto isso, todos os perpetradores se deitaram e fecharam os olhos.

HELLINGER *depois de algum tempo, aos representantes* Isso foi tudo.

para o grupo, depois de uma pausa Em Parsifal, na última ópera do compositor alemão Richard Wagner, existe um lindo texto e uma maravilhosa melodia. Seu nome é O encantamento da Sexta-feira Santa.

Depois de longa viagem sem rumo, Parsifal chega ao Castelo do Graal. Traz de volta a sagrada lança e admira-se porque tudo está mudado. As flores têm um brilho diferente, cada coisa tem um fulgor próprio. Gurnemanz, o velho cavaleiro do Graal lhe diz: "Este é o encantamento da Sexta-feira Santa, senhor."

Jerusalém, a cidade santa

Quando é que Jerusalém será realmente a cidade santa, tal como é descrita nas visões do profeta Isaías e no Apocalipse de João?

Ela o será quando se tornarem iguais, no reino dos mortos, todos os antigos inimigos das guerras santas, desde a conquista da terra sob Josué, a unificação sob Davi e Salomão, as guerras entre Israel, ao norte, e Judá, ao sul, a ruína de ambos os reinos sob os assírios e babilônios, a laboriosa reconstrução, depois do exílio, sob Esdras e Neemias, as guerras sangrentas dos Macabeus, até a execução de Jesus, o declínio de Jerusalém sob o império romano, a invasão dos árabes, as cruzadas e a reconquista da terra depois da última guerra mundial.

Eu imagino que todos eles voltam, olham-se nos olhos, deploram o que sofreram e o que se infligiram reciprocamente, devolvem-se mutuamente a honra e, finalmente reconciliados, deixam todo o passado para trás.

E os vivos? Eles vêem o que também os aguarda um dia, moderam seus desejos e abrem reciprocamente os seus corações.

RUSSOS E ALEMÃES

Consideração preliminar

A relação entre alemães e russos foi por um longo tempo agravada porque muitos alemães se sentiam superiores aos russos e agiam de modo correspondente. Depois passaram a temê-los, mas isso também estava freqüentemente associado a um sentimento de rejeição.

Por isso, a paz entre alemães e russos deve começar na medida em que os alemães respeitem os russos e lamentem a injustiça e o sofrimento que lhes causaram. Os exemplos seguintes mostram como se pode chegar a isso.

Exemplo: Honra aos mortos

(De um curso em Salzburgo, Áustria, 2004)

Observação: Embora na próxima constelação o protagonista seja natural da Áustria, a dinâmica mostra que não havia diferença entre a Áustria e a Alemanha no tocante à guerra com a Rússia. Assim, Áustria significa aqui o mesmo que Alemanha.

HELLINGER Ao meu lado está sentado um casal. A esposa é russa e o marido é austríaco.
para a esposa, que mantém os braços estreitamente cruzados diante do peito Você está esperando seu terceiro filho, não é?
MULHER Sim

HELLINGER Teremos cuidado com você, em atenção à sua criança. Fique tranqüila, tudo sairá bem.

para o grupo Vou proceder de modo bem simples. Colocarei em cena duas pessoas. Uma delas vai representar a Rússia...

para a mulher É um homem ou uma mulher?

MULHER Uma mulher.

HELLINGER Claro, a mamãe Rússia. E colocarei um representante para a Áustria. Esse precisa ser um homem.

Hellinger coloca, frente a frente, os representantes da Rússia e da Áustria. Eles se olham longamente, sem se moverem.

HELLINGER *depois de algum tempo, para a representante da Rússia:* Diga à Áustria: "Você me deve alguma coisa."

RÚSSIA "Você me deve alguma coisa."

O representante da Áustria se aproxima lentamente da Rússia, com passos curtos. Então pára e olha para o chão.

Hellinger introduz o casal, colocando a esposa atrás da Rússia e o marido atrás da Áustria.

Depois de algum tempo, Hellinger introduz mais duas pessoas: o pai da mulher, general russo, e um outro homem representando um marechal-de-campo da família do marido.

A representante da Rússia recua com passos curtos. O marechal-de-campo cai lentamente de joelhos, inclina-se para a frente, põe as mãos sobre a cabeça e prorrompe em soluços. A mulher se afasta para trás e chora.

O marechal-de-campo golpeia o chão com os punhos, continuando a chorar em alta voz. Sacode a cabeça, ergue-a um pouco, olha para a Rússia e apóia-se nos calcanhares. O marido faz menção de aproximar-se dele mas não ousa.

O marechal-de-campo se levanta, leva a mão ao peito e, continuando a chorar, aproxima-se, com passos curtos, do general russo. A representante da Rússia quer colocar-se por trás do general. Este se posta diante dela.

O marechal-de-campo se aproxima um pouco mais. Afasta-se um pouco para o lado, desviando-se do general, para poder olhar para a Rússia. O general também se afasta um pouco para o lado. Dirige o olhar primeiro para a Rússia, depois para o marechal-de-campo e, finalmente, para o chão.

O marechal-de-campo olha para trás, para o representante da Áustria e para o marido. A Áustria se posta ao lado do marechal-de-campo, e o marido ao lado de sua mulher. O marechal-de-campo enlaça com um braço o representante da Áustria. Ambos, o marechal-de-campo e a Áustria, olham para o chão, juntamente com o general. O marechal-de-campo e a Áustria se inclinam profundamente. A Rússia recua um pouco mais. O general dá um passo para trás e se inclina igualmente, com o marechal-de-campo e a Áustria. Aparentemente, todos se inclinam diante dos mortos.

O general fica de cócoras. O marechal-de-campo estende a mão para ele, mantendo-se profundamente inclinado. O general toma a sua mão.

Depois de algum tempo se levantam. O marechal-de-campo respira fundo, dirige o olhar para a Rússia e sorri. A Áustria se aproxima da Rússia e se posta ao seu lado.

O marechal-de-campo e o general se encaram. Aproximam-se muito, de frente. Cada um põe as mãos sobre os ombros do outro, e se olham por um longo tempo. Depois de algum tempo viram-se na direção da Rússia e da Áustria, enlaçando-se pelas costas.

Todos, a Rússia, a Áustria, o general e o marechal-de-campo se viram amistosamente para o casal. Então o general e o marechal-de-campo se afastam deles, mantendo-se abraçados pelas costas e olhando ambos para o chão.

Depois de algum tempo o marechal-de-campo se ajoelha e se inclina profundamente. O general se afasta e se coloca atrás da Rússia. A esposa chora.

HELLINGER Vou deixar assim.
para os representantes Obrigado a todos.
para o casal Tudo de bom para vocês.

Exemplo: "Agora sou uma russa"

(Do Congresso Internacional "Movimentos para a paz", Würzburg, Alemanha, 2001)

HELLINGER *para Natascha* O que há com você?

NATASCHA Gostaria de resolver um conflito que há muito tempo está crescendo dentro de mim. Sou uma alemã da Rússia, nasci no Cazaquistão e há nove anos vivo na Alemanha. O conflito é o seguinte: No Cazaquistão, minha pátria, estava bem claro para mim que eu era alemã e era tratada como tal. Agora, que estou aqui, isso já não é tão claro para mim.

HELLINGER Seu pai é de origem alemã?

NATASCHA Sim.

HELLINGER E sua mãe?

NATASCHA Também.

HELLINGER E os avós?

NATASCHA Também são de origem alemã, de ambos os lados. Gostaria de acrescentar que minha família sofreu muitas perseguições. Meu avô paterno morreu num campo de trabalhos forçados para alemães da Rússia. Os pais de minha mãe só voltaram para casa depois de passarem cinco anos, separados, nesses campos de trabalho. Durante todo esse tempo não tiveram notícias um do outro. Minha mãe só tinha três anos de idade na época.

HELLINGER Creio que é o bastante para trabalharmos.

para Natascha Vou começar com seus avós.

A cliente escolhe representantes para seus avós, e Hellinger coloca os dois casais, um ao lado do outro.

HELLINGER *para Natascha* Agora vamos colocar alguém para representar a Rússia.

Quando Natascha escolhe uma mulher como representante da Rússia Essa é a mamãe Rússia.

Hellinger coloca a representante da Rússia diante dos avós.

    A Rússia e os avós se defrontam por um longo tempo e se olham. O avô paterno de Natascha enlaça com um dos braços sua mulher, e ela pousa a cabeça em seu ombro. Em seguida, Hellinger escolhe três representantes de soldados alemães e os posiciona lateralmente.

Os avós paternos se abraçam. A Rússia olha para os soldados alemães e começa a tremer. Também os pais do pai olham, como que hipnotizados, os soldados alemães. Depois de algum tempo relaxam o seu abraço. A Rússia se curva para a frente e olha para o chão, depois olha de novo para os soldados alemães.

A representante da Rússia se ajoelha lentamente, apóia-se nos calcanhares, torna a olhar para os soldados alemães e prorrompe em soluços. Curva-se para a frente, voltando constantemente o olhar para os soldados alemães. A avó materna dirige-se lentamente para a Rússia. Quando ela se aproxima, a representante da Rússia se deita de lado no chão, dirigindo o olhar para os soldados alemães.

A avó materna se detém, olha para os soldados alemães e recua lentamente.

A representante da Rússia estende a mão para o terceiro soldado alemão, que tem os olhos fixos no chão. Ela se aproxima dele engatinhando, ergue-se um pouco e levanta o olhar para ele. O soldado se curva cada vez mais e se ajoelha. Quando está prestes a cair, ela o enlaça com um braço e o segura. Ele pousa a cabeça em seu peito.

A Rússia olha para os outros soldados alemães. Também o segundo soldado se aproxima, coloca-se atrás dela, pousa uma das mãos em sua cabeça e a outra no próprio coração. O terceiro soldado alemão se deita lentamente no chão, assistido ainda pela Rússia.

O segundo soldado alemão respira fundo. Como se não suportasse a dor, afasta-se o máximo para o lado, como se quisesse fugir da situação.

Também o primeiro soldado alemão aproxima-se e deita-se de costas entre a Rússia e os avós da cliente. A Rússia chega mais perto dele, mas então olha para o segundo soldado alemão, que faz menção de afastar-se. Hellinger vai até ele, toma-o pela mão e o leva de volta para perto da Rússia.

O segundo soldado alemão se ajoelha diante da representante da Rússia e se põe de cócoras. Ela se aproxima dele de joelhos. O terceiro soldado alemão se ergue e senta ao lado do segundo soldado alemão. Faz menção de estender a mão à Rússia mas não se atreve e a retira outra vez. Ambos os soldados alemães se inclinam profundamente até o chão, diante da Rússia, enquanto um deles enlaça o companheiro com um braço.

A representante da Rússia fica de pé e volta o olhar para os avós. Eles inclinam a cabeça diante dela, e o avô materno lhe faz uma profunda reverência. A seguir, ela se volta novamente para os dois soldados alemães ajoelhados diante dela.

Hellinger introduz Natascha na constelação, colocando-a diante da Rússia.

HELLINGER *para Natascha* Olhe para a Rússia. Olhe para lá. Diga a ela: "Agora eu sou uma russa."

NATASCHA *sacudindo a cabeça* Isso eu não posso fazer.

HELLINGER Experimente, não faz mal.

Natascha se debate longamente consigo mesma. Então diz, emocionada:

NATASCHA Agora sou uma russa.

HELLINGER *para o avô paterno* O que você sentiu quando ela disse isso?

AVÔ PATERNO Minha alma se expandiu.

HELLINGER *para a avó paterna* E o que você sentiu?

AVÓ PATERNA Também me senti mais leve.

AVÔ PATERNO E eu fiquei orgulhoso.

AVÓ PATERNA Deixo de bom grado que a Natascha se vá. De outro modo seria violento demais.

AVÔ PATERNO Eu me sinto redimido.

HELLINGER *para o avô materno* E você?

AVÔ MATERNO Não temos o direito de permanecer na Rússia.

AVÓ MATERNA Eu tinha acabado de pensar: "Tomara que ela consiga dizer isso." Fiquei muito emocionada. Eu também faço parte.

Em seguida, a Rússia se posta diante de Natascha, aproxima-se dela bem devagar, centímetro a centímetro. Natascha ainda se fecha e mantém as mãos cruzadas diante do ventre. Faz menção de recuar, cobre a boca com uma das mãos e olha para o chão. Então se ajoelha e se inclina profundamente.

A Rússia se inclina lentamente para ela, acaricia suas costas e a toma nos braços. Natascha soluça em alta voz.

HELLINGER *para Natascha, depois de algum tempo* Como se sente agora?

NATASCHA Estou extremamente irritada. A Rússia me passa uma sensação de consolo, mas não está certo.

HELLINGER Vou interromper aqui.

para o grupo Aqui se manifestou uma coisa importante. As minorias precisam submeter-se e adaptar-se ao país que as acolhe. Qualquer outra atitude tem efeitos nefastos. Isso se chama humildade. Está bem, ficamos aqui.

Conferência em Moscou

Esclarecimento: Em setembro de 2001, na véspera de um curso sobre constelações familiares, fui convidado a fazer uma conferência no Instituto de Psicologia da Universidade de Moscou. Além de professores e estudantes, compareceram também muitas pessoas de fora. O afluxo foi tão grande que muitos ficaram de pé ou assentaram-se no chão.

O que nos separa e o que nos reconcilia

HELLINGER Sinto-me muito honrado e aceitei, de bom grato, o convite que me fizeram para falar neste famoso Instituto. Refleti muito sobre o que deveria dizer-lhes inicialmente, e julguei melhor falar sobre o que separa e o que reconcilia, aproximando o que era visto como antagônico.

Psicoterapia científica e psicoterapia fenomenológica

Inicialmente gostaria de falar sobre a psicoterapia científica e a psicoterapia fenomenológica. A psicoterapia científica é largamente difundida. Um de seus exemplos é a terapia comportamental, que teve em Pavlov um de seus pioneiros. Em São Petersburgo eu pude dar uma palestra no mesmo Instituto onde ele ensinou.

O que significa a psicoterapia científica? Ela parte do pressuposto de que podemos tratar a alma como os outros fenômenos da natureza. Assim, depois de descobrir como as pessoas reagem a diversos estímulos, podemos influenciá-las em consonância com esse conhecimento. Por conseguinte, na psicoterapia científica o psicoterapeuta ou o psicólogo assumem uma atitude ativa, valendo-se de métodos científicos para auxiliar as pessoas a se modificarem. Nesse método existe a pressuposição de que os tratamentos podem ser repetidos de modo igual ou semelhante.

A essa abordagem se opõe, sob vários aspectos, a psicoterapia fenomenológica. O que significa aqui "fenomenológico"? Significa que o psicoterapeuta se expõe aos fenômenos em sua multiplicidade, sem fazer distinção entre eles. Expõe-se a eles sem intenções, inclusive sem a intenção de curar. Ele aguarda até que se manifeste a ele o essencial do fenômeno. E também não teme o que venha a manifestar-se.

Cito um exemplo. Às vezes um paciente procura um terapeuta e logo se percebe que não lhe resta muito tempo de vida. Então alguns terapeutas temem dizer isso a ele.

Um homem me procurou num grupo e disse que sofria de câncer. Podia-se perceber que teria pouco tempo de vida. Eu lhe perguntei o que desejava de mim. Ele me respondeu que queria esclarecer algo relacionado com sua mãe, algo que o fizera sofrer na infância.

Eu lhe perguntei: "Para que você quer isso ainda? Você não viverá muito tempo." Então lhe pedi que fechasse os olhos — estava sentado ao meu lado — e lhe disse: "Imagine que a morte está diante de você. Incline-se levemente diante dela."

Pudemos ver que ele lutou longamente consigo mesmo. Mas então lhe correram lágrimas pela face e ele se inclinou levemente. Eu o deixei totalmente entregue aos movimentos de sua alma, sem interferir de modo algum. Depois de uns dez minutos ele abriu os olhos.

Eu lhe perguntei: "Como se sente agora?"

Ele respondeu: "Estou tranqüilo."

Isso é psicoterapia fenomenológica. Eu não interfiro de fora. Permito à alma que ela se exponha à realidade tal como ela é. É a realidade que atua, quando se manifesta e é encarada.

No método fenomenológico nós nos defrontamos com a situação, tal como ela é, sem pressupostos e sem apoiar-nos em qualquer teoria. Então fulgura a partir da situação o que é essencial. Às vezes é apenas uma palavra, e essa palavra muda tudo.

Vou citar um exemplo que se encaixa bem aqui. Há alguns meses, no Congresso Internacional de Constelações Sistêmicas em Würzburg, dediquei um dia ao trabalho com constelações familiares. Uma cliente disse que nascera no Cazaquistão mas morava há vários anos na Alemanha. Indagada sobre sua família de origem, revelou que seus antepassados tinham nascido na Alemanha e emigraram para a Rússia. Um avô tinha morrido num campo de trabalhos forçados, e os outros avós também tinham sofrido muito.

Inicialmente coloquei em cena representantes de seus avós. Diante deles coloquei uma mulher representando a Rússia. Em seguida coloquei três representantes de soldados alemães, formando um ângulo em relação à Rússia. A representante da Rússia — uma mulher, representando a mamãe Rússia — estava muito emocionada e cheia de dor. Um representante dos soldados alemães estava inicialmente rígido e imóvel, mas pouco a pouco foi dominado por uma grande dor, e curvou-se profundamente diante da Rússia, que o tomou nos braços.

Então introduzi na constelação a cliente e pedi-lhe que dissesse uma única frase. Foi uma frase fenomenológica, ninguém teria chegado a ela por uma reflexão. Pedi-lhe que dissesse à Rússia: "Eu sou uma russa." Inicialmente ela resistiu, mas então disse: "Eu sou uma russa." Nesse momento seus avós se sentiram melhor.

Por que foi importante essa frase? Muitos alemães que há muito tempo emigraram para a Rússia e por ela foram acolhidos, recusaram-se a reconhecê-la como sua nova pátria e a agradecer-lhe pelo que dela tinham recebido.

Quando a mulher disse essa frase: "Eu sou uma russa", algo mudou em sua alma. Hoje de manhã fui procurado pela terapeuta dessa cliente. Ela veio assistir ao meu seminário e me falou sobre o efeito dessa frase na vida de sua paciente. Ela tocava violino desde os cinco anos e tinha se formado como solista. Entretanto, desde que emigrou para a Alemanha não conseguia voltar a tocar. Algumas semanas depois da constelação ela voltou a tocar violino, recuperou-se muito rapidamente e foi aprovada em todas as provas para conseguir o diploma em violino. A alma russa tinha retornado a ela.

Fortes aplausos no público

Nisso consiste a psicoterapia fenomenológica. Aquela frase eu não poderia ter buscado em nenhuma teoria. Entretanto, ela me veio porque eu me expus àquela situação sem posições preconcebidas. E essa frase bastou.

Há algum tempo escrevi uma história onde comparo os caminhos do conhecimento científico e do conhecimento fenomenológico. A história é assim:

Dois tipos de saber

Um erudito perguntou a um sábio
como as coisas individuais
se transformam num todo
e como se distingue
o conhecimento de muitas coisas
da abundância de conhecimento.

O sábio respondeu:
"O que está disperso
se transforma num todo
quando encontra um centro
onde se recolhe e atua.
Pois só por meio de um centro
o múltiplo se torna essencial
e real.
Então sua plenitude nos parece simples,
quase inexpressiva,
como uma força tranqüila
que se aplica ao imediato
e permanece subordinada
e próxima ao que a sustenta.

Por isso, para sentir
ou comunicar a plenitude,
não preciso conhecer,
dizer,
ter,
fazer
todas as coisas individuais.

Para entrar numa cidade
transpomos um único portão.
Batendo uma vez num sino
fazemos ressoar muitos outros tons.
E ao colher a maçã madura
não perguntamos por sua origem:
simplesmente a tomamos na mão
e comemos."

O erudito objetou
que quem busca a verdade
também deve conhecer
todas as particularidades.

Mas o sábio o contestou, dizendo
que só sabemos muito
sobre verdades velhas.
A verdade que faz progredir
é ousada e nova,
pois oculta o seu fim
como a semente oculta a árvore.
Por isso, quem hesita em agir,
querendo saber mais
do que o necessário
para o próximo passo,
desperdiça o que realmente atua.
Ele toma a moeda
pela mercadoria,
e transforma árvores
em lenha.

O erudito achou incompleta a resposta
e pediu ao sábio
que explicasse um pouco mais.

Mas ele recusou com um gesto,
pois a plenitude começa
como um barril de mosto,
doce e turvo.
Precisa fermentar por bastante tempo
Até que se torne límpido.
Quem o bebe, em vez de somente prová-lo,
Fica logo bêbado.

Isso já é o suficiente sobre a diferença entre a psicoterapia científica e a psicoterapia fenomenológica.

Níveis da consciência

Com a ajuda do método fenomenológico, no decurso de seis anos, descobri como atua a consciência moral. Muitos acham que, quando alguém segue a própria consciência, ele faz uma boa ação. Muitos afirmam, mesmo, que a voz da consciência é a voz de Deus, dizendo-nos o que temos de fazer. Mas eu verifiquei que isso não é verdade.

Recordando os eventos das últimas semanas, podemos observar que as pessoas que atacaram o World Trade Center em Nova York seguiram a sua consciência, agiram de acordo com ela. Por fidelidade ao seu próprio grupo, julgaram justificado causar a morte de muitas pessoas inocentes. Sua consciência justificou isso. Algo semelhante pode ser verificado na vida diária. Quando alguém diz a uma pessoa: "Nisto eu sigo a minha consciência", está geralmente lhe impondo algum sofrimento. Por conseguinte, a consciência não nos diz o que é bom ou mau para todos. Ela nos diz isso apenas dentro de um certo enquadramento. Que enquadramento é esse?

A consciência moral atua de modo semelhante ao sentido do equilíbrio físico. Este é algo instintivo que nos ajuda a perceber imediatamente se estamos caindo ou se estamos estáveis. O desequilíbrio produz em nós uma sensação incômoda, comparável à má consciência. Ela é tão desagradável e carregada de medo que imediatamente mudamos a nossa postura para recuperar o equilíbrio. Então nos sentimos bem, e essa sensação é semelhante à boa consciência. Dessa maneira, o sentido do equilíbrio nos dirige do mesmo modo que a consciência, por meio de sensações de desprazer e de prazer.

A consciência é o nosso sentido social de equilíbrio. Quando fazemos em nossa família algo que põe em risco nossa vinculação a ela, sentimos má consciência. É uma sensação tão desconfortável que mudamos nosso comportamento para voltarmos a pertencer à família. Quando nos asseguramos disso temos uma boa consciência.

Aliás, evocando novamente Pavlov, observamos esse comportamento também entre os cães. Quando faz alguma travessura, o cão conhece o risco de ser rejeitado. Então encolhe o rabo e se retira.

As diversas consciências

Qual é a função dessa consciência? — Sua principal função é vincular-nos à nossa família ou, de modo semelhante, a algum outro grupo. Em cada grupo sabemos exatamente o que precisamos fazer para continuar a pertencer-lhe.

Com a ajuda da consciência podemos verificar se podemos, ou não, pertencer a esse grupo. Por isso a consciência varia de um grupo a outro. Temos consciências diferentes conforme estamos em nosso lar, no meio profissional, num grupo religioso ou numa celebração do clã familiar. Sabemos o que precisamos fazer para fazer parte de cada um desses grupos.

Vemos também que a consciência varia entre pessoas provenientes de diferentes famílias. Por exemplo, quem provém de uma família cristã tem uma consciência diferente de quem nasceu muçulmano. A consciência também varia entre diferentes estratos sociais, como entre acadêmicos e operários. Um operário que se comportasse em seu meio como um acadêmico seria excluído pelos companheiros. O mesmo aconteceria com um acadêmico que procedesse diante dos colegas como um operário. A consciência é, portanto, relativa.

Na medida em que nos vincula a um grupo, a consciência tem um duplo efeito, pois simultaneamente nos separa de outros. Ilustro o assunto com um exemplo simples.

Paz na família

Um homem e uma mulher se apaixonam e se casam. O homem tem que reconhecer que precisa da mulher; a mulher, que precisa do homem. Cada um deles precisa reconhecer que lhe falta algo que só o outro possui, e que deve dar ao outro algo que somente ele possui. Quando reconhecem isso nasce a troca entre eles, desde que cada um respeite o outro como diferente dele em quase todos os aspectos e que, nesse reconhecimento recíproco, cada um se abra ao que o outro lhe dá e se disponha a dar-lhe, por sua vez, o que falta a ele. Esse é o fundamento de uma sólida relação de casal.

Quando estão sozinhos e falam sobre si mesmos, os homens freqüentemente se acham melhores do que as mulheres. Também as mulheres, quando estão sozinhas e falam sobre si mesmas, freqüentemente se julgam melhores do que os homens. Quando um desses homens se encontra com sua mulher, ou quando uma dessas mulheres se encontra com seu marido, o que acontece com a sua relação? Quando cada um se comporta como se não precisasse do outro e fosse superior a ele, o amor entre eles está perto do fim. Assim, cada um precisa reconhecer que o parceiro, embora diferente, se equipara a ele e tem os mesmos direitos. É uma atitude humilde, mas é a base de uma boa relação conjugal.

A situação é mais difícil quando o homem olha a família da mulher e quando a mulher olha a família do homem. Muitas vezes cada um deles diz:

"Minha família é melhor." E o dizem com boa consciência, pois sua consciência os vincula a suas famílias. Mas o que acontece então? — Seu amor sofre.

Mais tarde eles têm filhos e discutem como educá-los. O homem talvez dirá: "Devemos educá-los segundo os costumes de minha família." E a mulher, por sua vez: "Devemos educá-los segundo os costumes de minha família." O que acontece com os filhos? Eles ficam mal.

O que deveria acontecer aqui? Cada um precisa reconhecer que a família do parceiro, embora diferente, vale tanto quanto a sua. Quando o casal provém de culturas ou de religiões diferentes, cada um precisa reconhecer que a cultura ou a religião do parceiro, apesar de diferente, tem o mesmo valor que a sua.

Isso, porém, eles não conseguem com boa consciência. Pois ao ouvir a própria consciência, cada um teme que, se reconhecer essa igualdade, deixará de pertencer à sua família de origem. Assim, o progresso e a paz na nova família só são alcançados quando cada um abre mão, parcialmente, de sua boa consciência e está disposto a assumir um sentimento de culpa. Quem não consegue tornar-se culpado nesse sentido, permanece para sempre uma criança.

Paz entre os povos

Também entre os povos, por exemplo, entre os russos e os alemães, a paz só é obtida quando ambos reconhecem que, apesar de diferentes, eles têm o mesmo valor. Somente assim pode haver paz entre eles.

Quando dizemos: "Nós, os russos", ou: "Nós, os alemães", não levamos em conta os indivíduos. Eles são vistos apenas como membros do respectivo grupo. Como estamos vinculados ao nosso grupo por nossa consciência, sentimo-nos, dentro dele, como superiores aos demais. Isso provoca a separação entre os grupos. Mostrarei com um exemplo o que isso significa na prática.

Em Berlim tivemos, há algum tempo, um seminário com 900 participantes. Durante o seminário uma cliente falou do suicídio de seu pai. Ele se casara com a viúva de um amigo, que veio a ser a mãe dessa cliente. No dia do aniversário da morte desse amigo, o pai dela subiu numa varanda muito alta e se atirou ao solo.

Inicialmente, coloquei em cena apenas o pai. Ele olhava constantemente para um lado, e era evidente para mim que estava olhando para o falecido amigo. Por isso introduzi um representante para o amigo, que, imediatamente, desabou no chão. Perguntei à cliente o que os dois amigos tinham feito, e ela respondeu que combateram na Rússia como oficiais alemães durante a segunda guerra mundial.

Então coloquei diante deles, de um lado, seis representantes de soldados russos e, de outro, seis representantes de soldados alemães. Alguns dos soldados desabaram imediatamente, como se tivessem sido fuzilados. Um outro levou a mão ao ombro, como se tivesse sido baleado. Em seguida um soldado russo se aproximou lentamente do pai da cliente. Os dois se mediram com olhares, como num duelo. Depois de algum tempo, o oficial alemão desabou e o russo se afastou lentamente.

Nesse momento interrompi a constelação e perguntei aos representantes de ambos os lados o que tinham vivenciado.

O oficial russo disse: "Eu venci. Eu sabia que precisava empenhar tudo para vencer o oficial alemão. Mas agora, olhando para trás, pergunto: Para quê? O que a vitória nos trouxe no final?"

Os soldados de ambos os lados mostraram respeito recíproco. Ambos os lados estavam conscientes de ter sido fiéis ao seu próprio país. Sua fidelidade não lhes permitira ter sentimentos humanos pelos adversários. Não obstante, quando se olharam, respeitaram-se mutuamente.

A dor partilhada por ambos os lados e o reconhecimento dessa dor os levaram a chorar em comum o que sofreram ambos os lados, amigos e inimigos. Isso os reconciliou entre si.

Esse exemplo nos mostrou também que, além da consciência, existe algo mais que atua em nós, um movimento de alma que quer unir o que se separou e que se manifesta quando lhe damos espaço. Pois os movimentos dessa constelação transcorreram espontaneamente, sem interferência externa. O que vem à luz por intermédio deles supera em muito nossas habituais teorias e concepções sobre o que é bom ou mau. Eles mostram em que medida somos tomados por grandes movimentos, que são dirigidos de longe e em que precisamos inserir-nos, tais como são. Então eles provocam, como se viu aqui, o esvaziamento de nossos ideais e de nossa grandeza, e mostram como estamos vinculados a algo que nos dirige e sustenta, ou exige e sacrifica, conforme o caso. Isso nos torna modestos. Esse olhar para aquilo que sustenta e move o essencial nos dá uma outra imagem dos poderes que nos regem, seja como for que os denominemos. Esses poderes, que podemos chamar de Deus, de Mistério ou por qualquer outro nome, não são amáveis, não correspondem aos nossos desejos. São grandes demais para serem simplesmente amáveis.

Eles nos fazem reconhecer que não somos dirigidos apenas por forças boas e amáveis, mas por forças tremendas que nos levam de roldão e visam a objetivos diferentes dos nossos. Justamente na medida em que nos submetemos a essas forças ganhamos apoio e movimento próprio.

Ilustro isso com uma outra história.

O círculo

Uma pessoa perplexa perguntou a alguém
que seguia por um trecho do mesmo caminho:
"Diga-me o que importa para nós."

O outro respondeu:
"O que importa, em primeiro lugar,
é que nossa vida dura algum tempo.
Quando ela começa, muita coisa existia antes
e quando termina, retorna à multiplicidade anterior.

Quando um círculo se fecha,
seu fim e seu início
são uma coisa só.
Assim também, o que vem depois da nossa vida
se liga sem emenda ao que era antes,
como se no intervalo não tivesse havido tempo algum.

Assim, somente agora nós temos tempo.

É importante, além disso,
que o que realizamos no tempo
foge de nós, juntamente com ele,
como se pertencesse a um outro tempo
e como se, quando pensamos estar agindo,
fôssemos mantidos como simples ferramentas,
usados para algo além de nós
e postos de lado outra vez.
Quando somos dispensados nos consumamos."

O perplexo perguntou:
"Se nós, com o que realizamos,
subsistimos e acabamos, cada qual a seu tempo,
o que importa quando o nosso tempo se fecha?

O outro respondeu:
"O que importa é o antes e o depois
como idênticos."

Então se apartaram seus caminhos
e seus tempos,
e ambos pararam
e refletiram.

Exemplo: "Eu sou um russo"

(Do curso "Cresça e floresça, querida criança". Idstein, Alemanha, 2004)

Esclarecimento: Trata-se de um rapaz hiperativo de uns 16 anos e de seus pais.

Hellinger convida a mãe para sentar-se ao seu lado. Ao lado dela sentam-se primeiro o pai e depois o filho.

HELLINGER *para o grupo* Quando olho para os três, onde está o problema? *apontando para a mãe* O problema é com ela.

Ambos se olham. A mãe assente com a cabeça.

HELLINGER *para o grupo* O filho ficou logo aliviado.

O filho ri.

HELLINGER *para a mãe:* A pergunta é esta: Posso trabalhar com você?
MÃE Sim.
HELLINGER Preciso de licença para isso. Mas vou agir com cuidado e prudência. Aconteceu algo especial em sua família de origem?
MÃE Meu pai faleceu cedo. Era um apátrida. Nasceu de uma família russa, de origem judaica. Seus pais tiveram seus bens confiscados, foram separados e ba-

nidos. Meu pai passou muito tempo num campo de trabalhos forçados. Depois entrou para o exército e foi assim que ele veio para a Alemanha. Nunca mais viu sua família, nem a mulher com quem se casara na Rússia.

HELLINGER Naturalmente isso causa um grande impacto.

MÃE Seu pai suicidou-se e sua mãe morreu de fome no cerco de Leningrado.

HELLINGER Também havia filhos na família que seu pai deixou?

MÃE Isso eu não sei. Minha mãe sabe mas nós não sabemos.

HELLINGER Seu filho representa essa criança que foi abandonada.

O filho ouviu atentamente e aliviado.

HELLINGER *para o grupo* Naturalmente não tenho informações precisas. Mas é a imagem que faço.

Hellinger coloca em cena, face a face, o filho da cliente e o representante de um filho que teria sido abandonado.
O rapaz está inquieto. A criança abandonada chora. Ele olha para o chão e cobre o rosto com as mãos. Hellinger coloca ao lado do rapaz um representante de seu avô materno.
A criança abandonada encolhe a cabeça e comprime o corpo com os braços. A mãe, sentada ao lado de Hellinger, mantém seus braços na mesma posição.

HELLINGER *para o grupo* A mãe exibe a mesma postura da criança abandonada, vocês estão vendo?
para a mãe do rapaz Coloque-se ao lado de seu filho.

Ela se posta junto do filho. O pai dela se afasta um pouco.

HELLINGER *para o grupo* O filho ficou aliviado quando a mãe ficou junto dele. Muito aliviado.

O rapaz move as mãos nervosamente e fixa o olhar no chão. Hellinger introduz uma representante da mãe da criança abandonada e a coloca junto dele.

A mãe do rapaz solta um profundo suspiro. A mãe da criança abandonada olha para cima. Seu filho se abaixa até o chão, cruza os braços e pousa a cabeça sobre os pés dela.

HELLINGER *para a mãe* Aproxime-se da mãe de seu irmão abandonado. Bem devagar.

Ela se aproxima da mãe da criança abandonada e pára a uma certa distância. A criança abandonada se deita de costas e abraça com a mão esquerda as pernas de sua mãe. O rapaz está muito inquieto.

As duas mães se aproximam uma da outra. Dão-se as mãos. A mãe do rapaz enxuga as lágrimas do rosto. A mãe da criança abandonada toma a criança nos braços. Ambas se abraçam ternamente.

Depois de algum tempo as mães relaxam o abraço. Hellinger coloca a mãe do rapaz ao lado da mãe de seu irmão abandonado. Elas se olham.

HELLINGER *para o rapaz, quando vê que ele quer ir para sua mãe.* Vá.

Ele vai até sua mãe, acaricia seu rosto e a abraça carinhosamente. A mãe da criança abandonada dirige o olhar constantemente para o seu filho.

Depois de algum tempo o rapaz se solta de sua mãe. Ele fica diante dela e ambos trocam sorrisos.

HELLINGER *para o rapaz* Diga à sua mãe: "Eu sou um russo."
FILHO Eu sou um russo.

Ele troca sorrisos com a mãe.

HELLINGER *para o filho* Como está você agora?
FILHO Estou bem.

HELLINGER Exato. Agora você tem o seu lugar. Já não é um apátrida. Creio que posso deixar assim.
para os representantes Obrigado a todos.

A mãe enxuga as lágrimas do rosto. Mãe e filho se abraçam. O pai respira fundo.

Os destinos

HELLINGER *para o grupo* Gostaria de dizer algo sobre destinos. O que a mãe contou sobre os destinos em sua família foi incrível, se atentarmos bem. E também pudemos ver que esses destinos continuaram atuando por várias gerações. Aqui abordei apenas algumas coisas; na verdade, apenas um ponto. Mas isso basta para aliviar o rapaz e, naturalmente, a mãe também.

para o filho Você está sorrindo agora. É lindo ver isso.

para o grupo Somos tentados a considerar maus esses destinos, a lamentar os que tombaram na guerra, e também o pai, que foi um soldado russo.

para a mãe Ali certamente aconteceu algo ruim, também do lado dele. A gente pôde ver isso aqui. Ele não se soltou à toa.

para o grupo Agora podemos verificar o que se passa conosco quando lamentamos esses destinos. Por exemplo, quando temos pena da avó que morreu de fome em Leningrado, do avô que se suicidou, da mulher e das crianças que foram talvez abandonadas. Mas que se passa em nossa alma quando temos pena? Ficamos mais fortes ou mais fracos?

Fomos educados, inclusive pela religião, para compadecer-nos. O que acontece exatamente quando temos pena? Acusamos alguém, acusamos Deus ou quem esteja em seu lugar. Dizemos: Como pode acontecer algo assim? E olhamos essas pessoas como se tivessem tirado uma sorte má em comparação com a nossa.

Agora, quando nos colocamos ao lado dessas pessoas, ao lado dessa avó, desse avô e de todos os outros, da mulher e da criança abandonadas, sentimo-nos maiores ou menores que eles? Como nos atrevemos a chamar de maus esses destinos, como se tivéssemos o direito de julgá-los, e como se soubéssemos o que é bom e o que é mau?

Aqui vamos um pouco além de nossas idéias, que aprendemos em certas escolas de psicoterapia, ou ainda da psicologia, da pedagogia ou mesmo da filosofia. Elas nos aprisionam a idéias que nos impedem a compreensão desses destinos e de sua grandeza.

Aqui podemos transportar-nos a um outro nível e a partir daí aceitar tudo da maneira como é, sem distinções e sem emoção. Simplesmente assim. Então nos mantemos num nível espiritual de força. Somente a partir daí podemos nos defrontar com esses destinos em momentos decisivos e, até mesmo, com nossa simples presença, contribuir para o melhor.

SITUAÇÕES ATUAIS

Esclarecimento

Os textos seguintes reproduzem reflexões intercaladas em cursos realizados de 2000 a 2004. Elas nasceram em diversos cursos e são independentes; por conseguinte, podem ser lidas separadamente. Como tratam de temas semelhantes em diferentes contextos, envolvem eventuais repetições. Há sempre, porém, uma nova vibração que toca a alma de uma outra maneira. Vários exemplos concretos ajudam a visualizar e ampliar essas reflexões.

Uma característica comum entre todas elas é que versam sobre os temas do encontro, da união dos contrários, da paz que sucede ao conflito. Essas reflexões afirmam a vida e estão a serviço do amor: não, porém, do amor estreito, que muitas vezes nos oprime e se opõe à vida. Elas buscam a vida em sua totalidade.

Amor ao próximo

Amor ao próximo significa amar os seres humanos como eles são, alegrar-se com eles como são, reconhecer-se igual a eles e amar cada um em suas características pessoais, sem desejar que seja diferente.

Nesse sentido amo também o seu destino, tal como ele é, mesmo sem entendê-lo, mesmo quando ele me limita ou desafia, ou quando me traz um fardo. Quando abraço o meu destino e o destino alheio como se fossem predeterminados e, portanto, como inelutáveis, vejo que eles não diferem entre si.

Então nos vejo, a ambos, entregues e subordinados a forças maiores, às quais igualmente nos submetemos, seja o que for que isso nos proporcione ou exija de nós em termos de alegria e de dor. Do assentimento a esses poderes nasce o verdadeiro amor ao próximo. Ele se dedica a todos do mesmo modo, pois não se julga melhor ou pior, maior ou menor, mas sente-se igual e equiparado a todos diante de Algo maior.

O que contraria esse amor é o julgamento que distingue os melhores e os piores. Então determino em meu coração quem pode ser amado e quem não pode, quem é digno e quem é indigno — em última análise, quem merece viver e quem não merece.

Quem julga os outros precisa temer que, por sua vez, também seja julgado. Pouco importa se justa ou injustamente. Pois todo julgamento, afinal de contas, é injusto porque é arrogante. Quem julga, coloca-se acima da vida e do destino dos outros, como se sua própria vida e seu próprio destino fossem diferentes e mais humanos do que os alheios. Em outras palavras, como se seu destino estivesse mais perto de Deus ou fosse mais agradável a Deus do que os alheios, e como se pudéssemos, em nome de Deus e em seu lugar, avaliar e julgar a vida e o destino dos outros.

O amor ao próximo é, sobretudo, humilde. Essa humildade fica mais fácil para nós na medida em que nos vemos e vemos nossos semelhantes, não como simples indivíduos mas como vinculados às respectivas famílias, aos destinos e à consciência particular dessas famílias e, portanto, como fiéis a elas. Assim como nós, os outros são fiéis às suas famílias, são limitados por elas e se enredam em seus destinos. Sob esse aspecto, são exatamente tão pobres e tão ricos como nós. Eles também, como nós, morrem a seu tempo e mergulham no eterno esquecimento sem deixar vestígios, como nós.

É preciso, portanto, que nos respeitemos enquanto existimos, nos amemos respeitosamente porque existimos, nos poupemos reciprocamente e nesse amor permaneçamos livres para o que pertence a cada um de nós. E, sobretudo, que nos permitamos assumir livremente o próprio destino, a própria culpa, a própria realização e a própria morte.

A paz começa nas almas

Como a paz pode começar na alma? De onde ela vem? Podemos alcançá-la por nossos esforços? — Não. A paz é uma dádiva.

O que significa paz? — Paz é o que resulta quando lados separados, talvez inimigos, aproximam-se com respeito e amor. Isso é possível quando ambos os lados se conectam a uma outra força que os dirige e determina.

Como nos conectamos com essa força? — Pelo recolhimento.

E o que significa recolher-se? — Significa retirar a atenção do aparente e direcioná-la para a causa oculta por trás de tudo, a causa criadora que tudo sustenta.

No recolhimento eu me esvazio. Estar vazio significa estar direcionado para alguma outra coisa. Mais precisamente, fico vazio quando aceito tudo como é, quando realmente aceito todo ser humano como ele é. Esvazio-me, principalmente, quando aceito meus pais como eles são, quando aceito meu destino como ele é, quando aceito o mundo como ele é, sem julgar e sem desejar que algo seja diferente. Pois tudo, do modo como é, deriva da mesma causa. Na aceitação de tudo, tal como é, uno-me a essa causa e por essa atitude me esvazio de tudo o que possa desviar-me dela.

Quando abrimos mão do imediato e nos esvaziamos diante de algo diferente, aceitando tudo como é, quando nos unimos a esse Outro e lhe permitimos que atue por nosso intermédio, o que ele produzirá? — A paz.

"Eu sou como você"

(De uma conferência na Jornada Internacional de Trabalho, Toledo, Espanha, 2001)

Recentemente estive em Israel. Nessa ocasião fiz um passeio ao Lago de Genezaré. Ali perambulou, há cerca de dois mil anos, um homem de Nazaré. Numa certa colina, perto do lago, ele falou das oito beatitudes. Havia nesse lugar uma paz maravilhosa. Podia-se sentir que era um lugar especial.

Ali me lembrei do que Jesus disse sobre o que traz a felicidade a alguém: "Bem-aventurados os pacíficos e os que trazem a paz. Eles são chamados filhos de Deus." E Jesus também disse: "Amai os vossos inimigos. Fazei o bem aos que vos odeiam."

É nas relações mais íntimas que se manifesta, às vezes, a maior inimizade e o maior ódio. Por que isso ocorre? É que nelas somos feridos mais profundamente. Mas não tanto por algo de mau que o outro nos faça. O que nos fere mais profundamente é que ele não satisfez a esperança que sonhamos. Felizes somos, porém, quando amamos os nossos inimigos e fazemos o bem aos que nos odeiam.

Isso nos leva a um patamar superior, assim descrito por Jesus: "Meu pai celeste faz brilhar o sol sobre bons e maus e faz cair a chuva sobre justos e injustos." Quem alcança esse amor brilha, como o sol, sobre todos, embora sejam diferentes, como são diferentes o homem e a mulher. E o pai celeste faz cair a chuva, o que traz bênçãos, sobre cada um, tal como é. Meditei sobre isso no lago de Genezaré.

Então procurei entender o que se passa em nossa alma e que processo nos possibilita, em última análise, alcançar esse amor. Aí me ocorreu esta frase: "Amor significa reconhecer que todos, da maneira como são e apesar de suas diferenças, são iguais a mim diante de Algo maior." Isso é amor. É o fundamento sobre o qual tudo pode desenvolver-se.

E em que consiste a humildade? — Na mesma atitude. "Reconheço que todos, por diferentes que sejam, são iguais a mim diante de Algo maior." Humildade significa reconhecer que somos apenas uma pequena parte de uma multiplicidade, e que a plenitude só se alcança quando todas as diferenças puderem ser colocadas no mesmo pé de igualdade e serem igualmente reconhecidas.

O que acontece quando houve ofensas? Perdoar e esquecer é a mesma coisa: "Reconheço que todos, por diferentes que sejam, são iguais a mim diante de Algo maior."

Podemos fazer aqui um pequeno exercício de sintonização com esse amor. Cada um imagine que vai ao encontro de cada pessoa que o ofendeu ou o fez sofrer alguma vez na vida. E diga a essa pessoa: "Eu sou como você." Diga a cada um: "Eu sou como você."

A seguir, imagine diante de si as pessoas a quem você fez algum mal ou de algum modo ofendeu, e diga a cada uma delas: "Eu sou como você. Você é como eu."

O que sentimos no final de um exercício assim? Podemos exprimi-lo por uma única palavra: paz.

A purificação

Há algum tempo procurei definir o que significa grandeza. O que torna grande uma pessoa? Cheguei a uma estranha conclusão: O que há de maior em cada ser humano é aquilo que o torna igual a todos os demais. Isso é o que há de maior. Toda diferença, para mais ou para menos, tira algo dessa grandeza.

Com o decorrer do tempo a purificação tornou-se um conceito ou processo importante para mim. Ela desempenha, sob muitos aspectos, um papel relevante na mística cristã. Um de seus caminhos é a purificação dos sentidos; um outro é a purificação do espírito. Purificação significa retirar o supérfluo para que fique o essencial, o definitivo.

Na purificação do espírito os pensamentos ficam de fora. Suprimem-se os conceitos, as teorias, a curiosidade — por um tempo suficiente até que nos abramos apenas e totalmente ao que se mostra. Quando nos expomos apenas à multiplicidade, tal como ela é, algo de essencial finalmente se manifesta.

Então ficou subitamente claro para mim em que realmente consiste e como se realiza a real purificação. Ela se realiza na medida em que me torno igual a tudo. A tudo: não apenas a todos os homens, mas talvez a toda criatura, sem me sentir superior a nada. Integro-me no todo como um entre muitos, totalmente igual e equiparado a todos.

Fica bem claro que nesse processo cessa a distinção entre bons e maus ou entre perpetradores e vítimas. Quando abrimos espaço a esse processo, quando nós mesmos nos tornamos abertos e grandes, reconhecemos também a eles a igualdade que lhes compete.

Por conseguinte, a purificação permite que também se dissolvam em mim as diferenças entre perpetradores e vítimas, na medida em que os acolho de modo igual em minha alma, abrindo lugar a todos. É o grau máximo da purificação.

Quando nos entregamos a ela somos recompensados, pois ela nos preenche. Essa purificação não me diminui, pelo contrário. Nessa igualdade tenho tudo em mim, sem que o tenha buscado. Tudo me possui e me sustenta.

A reverência

A reverência provoca uma mudança na alma. Podemos sentir isso em nós quando curvamos levemente a cabeça. Que movimento nasce então na alma? Algo emerge das profundezas, alcança a cabeça e flui para a outra pessoa. É um movimento de respeito e de homenagem, que nos liga a essa pessoa.

Aparentemente, esse movimento nos torna pequenos. Na verdade, ele nos une à outra pessoa no mesmo nível humano.

A reverência profunda tem um efeito bem diferente. Nela eu me torno pequeno diante de alguém. Eu o respeito e lhe digo: "Você é grande e eu sou pequeno." Nessa reverência profunda eu me abro para aquilo que essa realidade grande ou essa pessoa grande me dão. Convém fazê-la diante de nossos pais e também diante do mistério da vida. Ela permite que nosso coração se abra para o que nos é dado.

Em seguida nos erguemos e viramos, no sentido de que passaremos adiante o que recebemos. Fomos pequenos ao receber, tornamo-nos grandes ao dar.

A reverência profunda é, portanto, uma condição para transmitirmos a vida que nos foi dada — pois ela não nos pertence, foi algo que recebemos. Então entramos na grande corrente da vida, recebendo e transmitindo. Nisso somos iguais a todos os seres humanos.

Existe uma reverência ainda mais profunda: nós nos ajoelhamos e nos curvamos profundamente, com os braços estendidos para a frente e as palmas voltadas para cima. Ela é um prolongamento da reverência profunda. Convém fazê-la quando nos tornamos culpados em relação a alguém. Seu efeito é o de uma profunda súplica: "Por favor, olhe para mim outra vez." Com freqüência devemos fazê-la aos nossos pais quando cometemos alguma injustiça contra eles. Terá sido esse o gesto do filho pródigo da parábola do Evangelho, ajoelhando-se diante de seu pai, fazendo-lhe uma profunda reverência e dizendo-lhe: "Já não sou digno de me chamar seu filho. Por favor, acolha-me como um de seus servos."

E qual foi o efeito dessa profunda homenagem, dessa súplica do fundo da alma? O pai se inclina para o filho, o levanta e abraça.

Esse seria, também, o gesto de um perpetrador diante de sua vítima. Ele promove a reconciliação. E reconciliação, nesse contexto, significa que o que ocorreu pode ser esquecido. Imagino que ela aconteça principalmente no reino dos mortos, quando as vítimas e os perpetradores finalmente jazem lado a lado. Então acontece a paz.

Essa reverência ainda pode ser reforçada, na medida em que a pessoa se prostra no chão e estende os braços para a frente. Essa reverência, a mais profunda de todas, é indicada, às vezes, diante de pessoas contra quem se cometeu uma injustiça muito grave. E devemos fazê-la também diante de Deus ou do mistério que, sem conhecê-lo, chamamos por esse nome.

Um outro tipo de reverência diante desse mistério consiste em nos curvarmos profundamente, abrindo os braços. Essa reverência ampla não tem um caráter exclusivamente pessoal. Ela se faz em união com muitas outras pessoas. Ela nos acalma, nos insere na comunidade humana e até mesmo nos faz transcendê-la.

Exemplo: "Mamãe, estou chegando"

Uma senhora desconhecida me escreveu uma carta. Ela é a segunda esposa de seu marido. A filha comum dos dois tinha brigado e cortado todas as relações com eles. Então ocorreu a essa mulher que ela deveria pôr algo em ordem em relação à primeira mulher de seu marido e ao pai dele, pois ambos tinham sido desprezados e excluídos.

Certa noite acendeu uma vela, fez uma profunda reverência à primeira mulher do marido e lhe disse: "Agora eu lhe presto homenagem." Na noite seguinte fez o mesmo em relação ao sogro.

Poucos dias depois, sua filha lhe telefonou dizendo: "Mamãe, estou chegando." Ela chegou muito feliz e não se cansou de repetir como era bom estar em casa.

Crescimento interior

Crescemos por dentro na medida em que abrimos espaço a algo novo, que muitas vezes é alguma sombra que rejeitávamos em nós, ou alguma culpa pessoal que lamentávamos. Quando encaro o que rejeitei e intimamente lhe digo que agora o acolho em minha alma, eu cresço, embora já não me sinta inocente.

Isso não se refere apenas à própria alma, mas também à família. Muitas pessoas rejeitam algo em seus pais e dizem, por exemplo, que isso não foi bom. Com essa atitude colocam-se acima deles, como juízes do bom e do mau, do certo e do errado. Porém, quando o filho diz aos pais: "Eu me alegro com vocês", ele cresce. Os filhos de pais perfeitos são os mais dignos de pena. Eles têm muita dificuldade para crescer. Isso pode servir de consolo aos pais imperfeitos.

Cada um de nós sente na própria alma o que acontece quando aceita tudo, da maneira como é, em si mesmo, nos pais, na família, e também quando acolhe em sua alma pessoas que antes menosprezava. Assim crescemos.

Isso ultrapassa os limites da própria família. Às vezes, quando me irrito com alguém, percebo que fiquei mais estreito. Então preciso dizer: "Eu reconheço você como igual a mim. Para mim, em especial, você é bom e muito importante." Com isso sinto que me tornei mais aberto, que cresci.

Consegue-se paz entre pessoas e grupos quando reconhecemos nos outros, sem querer mudá-los, aquilo que antes rejeitávamos neles, e os aceitamos com os mesmos direitos que nós. Simultaneamente, como é natural, também reivindicamos para nós os mesmos direitos de todos.

Como nos tornamos seres humanos na plenitude da vida, num amplo contexto? — Para começar, acolhendo em nosso coração e em nossa alma o que rejeitávamos em nós, de modo especial nossa culpa. A necessidade de preservar a inocência não nos deixa crescer. Quem quer permanecer inocente, tem de continuar criança.

Certas coisas são tabus na família e não podem ser feitas, pensadas ou queridas. Por isso as reprimimos para continuar inocentes. O que rejeitamos, contudo, pode ser algo forte e bom. Às vezes o reprimimos por julgá-lo instintivo, como acontece com a sexualidade. Conservamos a inocência mas não crescemos. Para crescer é necessário reconhecer os direitos do que rejeitávamos.

O que rejeitamos em nós está, muitas vezes, associado a pessoas que foram excluídas em nossa família. Quando as respeitamos e amamos, amamos algo que era proibido na família, que não tinha o direito de existir. Com freqüência, o que rejeitamos em nós não é algo proibido, no sentido usual, mas uma pessoa proibida. Então damos a ela um lugar em nosso coração. Dizendo sim ao que foi rejeitado perdemos nossa inocência. Mas não nos tornamos maus. Ao contrário, tornamo-nos mais humanos, maiores e melhores. Portanto, crescemos também na medida em que olhamos e aceitamos as pessoas rejeitadas.

Pode acontecer depois, em nossa vida, que nos tornemos culpados em relação a alguém, talvez de modo funesto, e evitemos encarar isso, julgando, talvez, que assim permaneceremos inocentes. Mas qual o efeito dessa atitude? Permanecemos rígidos. Não crescemos mais.

Não se trata apenas de reconhecer a própria culpa, é preciso também aceitar a pessoa perante a qual nos tornamos culpados no coração. Só então poderemos nos abrir e crescer.

Falando do crescimento interior, afirmei que somente podemos crescer quando aceitamos o que antes rejeitávamos.

O mesmo se aplica à família. Em cada família algumas pessoas são esquecidas ou rejeitadas. Quando as acolhemos em nosso interior e lhes damos um lugar em nossa alma, ficamos inteiros.

O que acontece conosco quando alcançamos essa inteireza, quando todos os que pertencem à nossa família realmente ganham um lugar em nossa alma? Tornamo-nos livres, pois já não estamos enredados em seus destinos.

Muitos querem se livrar de seus pais, tornar-se independentes deles. Porém, quanto mais autônomos se fazem, tanto menos livres eles são. Estar inteiro significa, portanto, que todos os que têm um vínculo comigo também têm um lugar dentro do meu coração.

Além dos limites de nossa família, estamos ligados a muitas outras pessoas, muitas delas totalmente diferentes de nós. Quando conseguimos reco-

SITUAÇÕES ATUAIS

nhecê-las como iguais, embora sejam bem diferentes de nós, enriquecemo-nos por seu intermédio. Nesse caminho de crescimento não existe um ponto final. Cada dia surge algo novo. Esse crescimento dá alegria.

Filhos felizes

O que torna os filhos felizes é que os pais — ambos os pais — estejam felizes com eles. E os pais estão felizes com os filhos quando cada um respeita e ama nos filhos o outro parceiro, e se alegram com ele.

Fala-se muito de amor. Mas qual é a manifestação mais bela do amor? — É quando nos alegramos com o outro, exatamente como ele é; quando nos alegramos com o nosso filho, exatamente como ele é.

Então os pais passam a vivenciar o poder que sentem ter sobre a criança como uma missão. As mães, pelo longo tempo de simbiose com os filhos, sentem esse poder mais profundamente. Os pais vivenciam esse poder como uma missão na medida em que não se apossam dele mas o usam temporariamente, em benefício da criança.

Há alguns dias, veio a um curso meu uma mulher, que levava nos braços um bebê de cinco meses. Quando ela se sentou ao meu lado eu lhe disse: "Olhe para além da criança, para algo muito atrás dela." Ela olhou para longe, além da criança. A criança respirou profundamente e sorriu para mim. Ela se sentiu feliz.

Portanto, nessa relação com o que está além, ambos ficam mais livres, tanto o progenitor quanto a criança. Cada um pode seguir melhor o seu próprio caminho, alegrar-se com ele e também desprender-se do outro, na medida em que for necessário.

Exemplo: Filho se professa muçulmano

(Do curso "Cresça e floresça, querida criança", Idstein, Alemanha, 2004)

HELLINGER *para Klara* O que a traz aqui?

KLARA Estou triste porque meu filho está muito influenciado por uma seita islâmica.

HELLINGER Que idade ele tem?

KLARA Vinte e quatro anos. A culpa é minha. É o que também diz minha filha.

HELLINGER Você tem também um marido?

KLARA Não mais. Divorciamo-nos. Deixei meu filho com o pai. Esta seria também a razão, como diz minha filha.

HELLINGER Conte-me algo sobre o seu marido.

KLARA Ele também é muçulmano. Mas o filho lhe mostra como se deve levar isso a sério. Ele é mais rigoroso.

HELLINGER Por que vocês se separaram?

KLARA Houve tantas razões!

HELLINGER *para o grupo* Isso não tem nada a ver com o filho, como já podemos perceber. O problema é dela e do ex-marido.

Hellinger coloca Klara de pé e, diante dela, um representante para seu marido. Atrás dele, Hellinger coloca uma mulher, representando o Islã.

O homem fica inquieto. Olha alternadamente para o Islã e para sua mulher. O Islã se aproxima e fica ao seu lado. O homem se vira para a direita e volta a olhar para o Islã. Sua mulher se posiciona diante dele.

O homem se aproxima lentamente da mulher. Ela também dá um passo em sua direção. Ele se vira para o Islã, aproxima-se da mulher e torna a olhar para o Islã.

Ele se aproxima ainda mais da mulher, tomando-a com a mão esquerda. Quer estender a direita ao Islã, mas a mulher o impede. Ela tenta puxá-lo para si e afastá-lo do Islã. O homem apóia a cabeça em seu ombro.

Hellinger coloca em cena um representante do filho.

O homem e a mulher se mantêm enlaçados pelas costas e olham para o Islã e para o filho. O Islã e o filho se olham intensamente. O homem quer aproximar-se do Islã com sua mulher mas é detido por ela. O homem olha alternadamente para a mulher e para o filho.

Depois de algum tempo o homem se desprende um pouco da mulher. Enlaça o filho com um braço, deixando a mão esquerda pousada no ombro da mulher. Então se posta diante do Islã.

A mulher faz menção de soltar-se do homem, desviando o olhar. O homem volta a colocar o braço em torno dela, para segurá-la. O filho se afasta um pouco, aproximando-se do Islã.

HELLINGER Está bem, isso basta.

HELLINGER *para Klara, depois de algum tempo* A arrogância tem limites. Eles nos são mostrados pelos filhos.

KLARA Meu filho nem olhou para mim.

HELLINGER Ele olhou para onde você deveria ter olhado. Você assumiu uma posição de superioridade em relação ao Islã e à mãe de seu marido.

para o grupo Aparentemente não é possível ajudá-la. Mas agora temos respeito pelo jovem.

REPRESENTANTE DO HOMEM Mas o homem tem muito amor por ela.

HELLINGER Isso ela não vê.

para a mulher, depois de algum tempo A conduta de seu filho é o fruto de sua embriaguez pelo poder materno.

quando a mulher quer dizer alguma coisa Não quero saber de nada. Nós vimos tudo. A situação é bem clara. Teríamos que ter algum poder sobre o destino.

quando a mulher assente com a cabeça Isso mesmo, teríamos que ter esse poder. Está bem, vou deixar assim.

Mudando o ponto de vista

O próximo

Vou propor um exercício a todos que queiram fazê-lo. Podemos fechar os olhos e ficar em paz. Abrimos o nosso interior de par em par e nos expomos ao grande Desconhecido, com nossa superfície total. Tornamo-nos pequenos diante dessa grandeza. Pedimos sem palavras. Dizemos sim à distância que existe entre a grande Alma e a nossa própria alma. Sentimos, talvez, que essa realidade poderosa é simultaneamente leve. Confiamo-nos a essa amplidão e, igualmente, a essa pequenez e leveza.

Então nos viramos, deixando-a atrás de nós como um sol que brilha à distância. E agora olhamos para o que está perto, para o simples, o humano.

O alheio

Gostaria de dizer algo sobre os segredos. O que podemos fazer quando soubemos de segredos que não tínhamos o direito de saber?

Cito um exemplo simples. Alguém me diz algo. Quando deixo que isso entre em minha alma, percebo, às vezes, que isso é um fardo para ela. De repente, sinto-me invadido por algo que não me pertence e não resta lugar para o que é meu, para o que me convém. Algo semelhante acontece com terapeutas e outros ajudantes que fazem muitas perguntas. Isso lhes traz uma sobrecarga. Talvez por isso se sintam, depois de algum tempo, consumidos e vazios. Eles se deixam encher excessivamente por outras pessoas, com algo que não lhes pertence. Por isso o caminho que escolho é perguntar o mínimo possível. Isso faz bem à minha alma e me ajuda a preservar minha força.

As crianças são, às vezes, tomadas pelos seus pais como confidentes de segredos que não lhes dizem respeito; por exemplo, sobre a relação entre seus pais. E também quando os pais confessam aos filhos algum erro, isso faz mal a eles.

Existe um caminho para sair disso. Consiste em submeter-nos a uma purificação que nos livre desse segredo. Imaginamos que o segredo sai de nós e volta ao seu lugar. Simplesmente deixo que ele saia e retiro-me para o meu interior. Esse é um dos caminhos.

Um outro caminho consiste em expor o segredo a uma luz brilhante, sob a qual ele se desvanece. Isso é apenas uma imagem, mas permite perceber como podemos livrar-nos de algo alheio.

A fonte da vida

Vou propor-lhes um pequeno exercício.

Imaginemo-nos divididos ao meio. Do lado direito sentimos nosso pai. Atrás dele percebemos seus pais; atrás destes, seus avós e, mais atrás, seus bisavós. Abrimo-nos a essa fonte de vida que nos vem por intermédio desses antepassados e flui para dentro de nós. Sentimos sua força. Podemos ir mais longe na sucessão das gerações. Todos esses antepassados dominaram e preencheram a vida. Eles a tomaram e passaram adiante. Agora eles nos apóiam. Sentimos o calor que flui para nós com sua força. Sentimos, talvez, uma diferença entre esse lado e ou outro, onde ainda falta uma conexão.

Então voltamos nossa atenção para o lado esquerdo e sentimos nossa mãe. Atrás dela percebemos seus pais, atrás deles seus avós, seus bisavós e trisavós, uma ampla e imensa rede bifurcada. Tudo isso é repleto da força da vida que, vindo de longe, por meio desses antepassados, flui sobre nós e para dentro de nós.

Agora percebemos como confluem as duas correntes da vida, a paterna e a materna, formando uma unidade em nós, uma unidade inconfundível. Sentimos seu calor e sua força. Talvez sentimos também que essa força se represa e quer fluir de novo, através de nós, para os nossos filhos e para as tarefas a serviço da vida.

Nessa corrente podemos também colocar alguma doença, seja qual for. A doença interrompe, às vezes, a ligação com a corrente da vida. Ela nos faz conscientes de que algo foi interrompido e quer que transponhamos essa fenda. Quando, pressionados por ela, restauramos a conexão, a doença preencheu o seu sentido.

O trauma

Um trauma resulta de uma situação que envolve risco de vida ou que foi imaginada como tal. Um trauma deixa uma impressão no corpo e na alma. A impressão resulta de não ter se completado um movimento no corpo e na alma. Com isso o trauma pode ser revivido e volta a pesar sobre nós.

Observamos nas constelações familiares que um grande número de traumas não resultam de vivências pessoais mas advieram por identificação com outras pessoas da família. Não são, portanto, traumas pessoais mas sistêmicos.

Um trauma sistêmico está sempre associado a alguma relação inconclusa. Geralmente, uma reconciliação necessária não teve sucesso, ou as conseqüências de alguma culpa pessoal não foram assumidas pela pessoa responsável. Então uma outra pessoa da família assume o que não se completou e carrega a culpa como se fosse sua. Nisso consiste o trauma sistêmico.

A tentativa de tratar um trauma sistêmico como se fosse pessoal, por exemplo, por meio de medicação ou de exercícios corporais, não é suficiente. É preciso ter em conta que um trauma sistêmico precisa ser abordado de outro modo. Temos que identificar no sistema a pessoa ou as pessoas que não foram acolhidas ou integradas a ele, que foram excluídas ou não conseguiram completar algo para si. Procuramos, portanto, identificar dentro do sistema a origem do trauma. Quando isso vem à luz, podemos retrospectivamente buscar, numa constelação, a reconciliação por meio de representantes. Quando se consegue isso, a pessoa que carregava o trauma por outra pessoa fica subitamente livre, simplesmente porque o trauma foi reconduzido ao seu lugar original.

Quando lidamos com crianças traumatizadas é preciso descobrir, antes de mais nada, se o trauma decorreu de uma vivência pessoal com risco de vida ou de uma ligação sistêmica. Então adotamos o procedimento indicado para o caso.

Também existem traumas que são impostos pelo destino, por exemplo, por uma guerra que afetou a todos. Nesse caso, a terapia do trauma individual ou a terapia do trauma sistêmico, por si sós, não adiantam. Aqui algo diferente se exige de nós, a saber, que encaremos o destino e nos conformemos com ele, dizendo: "Sim, assim é e assim pode ser. Eu aceito isso, tal como é." Então o que era um trauma para nós se transforma numa força, e nós nos unimos à vida de uma maneira abrangente.

Agora farei com vocês uma pequena meditação. Vocês podem fechar os olhos.

Entramos em nosso próprio corpo como se caminhássemos através dele, e sentimos onde ainda atua a impressão, a tensão ou a dor de algum trauma pessoal. Então visualizamos esse trauma fora de nós, a alguma distância. Aí ele pode movimentar-se para onde quiser, para onde precisar, até que finalmente se esgote.

Quando olhamos para ele, ele talvez nos olhe como uma criança que acaba sorrindo para nós. Assim o acolhemos de novo em nosso interior, permitindo que ele caminhe livremente na direção que desejar, até que finalmente pousa, talvez, em nosso coração.

A seguir nos sintonizamos com nossa alma e lá percebemos também um trauma antigo — um medo, uma dor, uma decepção, uma raiva... — e visualizamos isso fora de nós. Verificamos o que isso está buscando, para onde deseja ir, onde fica em paz.

Então imaginamos que tomamos pela mão o trauma corporal e o trauma da alma e, junto com eles, olhamos para longe, para muito além de nós, para o grande Destino, diante do qual todos esses traumas têm seu lugar, porque tudo foi querido por ele, do modo como foi, e dizemos, diante desse destino e para esse destino: "Sim."

Exemplo: Um rapaz agressivo

(Do curso "Cresça e floresça, querido filho", Idstein, Alemanha, 2004)

KARL Trata-se de um rapaz da sexta série. Está no programa de integração, com ênfase no desenvolvimento emocional e social. Mudou-se para nossa escola por razões disciplinares. Antes que fosse expulso da outra escola nós o aceitamos. Agora ele se comporta de uma tal maneira que corre de novo o risco de ser expulso.

SITUAÇÕES ATUAIS

HELLINGER Isso basta. Vamos olhar para esse rapaz. Por meio de seu represen-tante teremos imediatamente as informações essenciais.

KARL O pai é psicótico depressivo.

HELLINGER Vamos examinar isso agora.

Hellinger escolhe um representante para o rapaz e deixa que ele se posicione.

O representante do rapaz olha para o alto e abre os braços. Assim fica por longo tem-po. Então suas mãos começam a tremer fortemente.
Hellinger escolhe oito representantes dos antepassados homens e lhes pede que se dêem as mãos, formando um círculo em torno do rapaz.

O rapaz continua a tremer fortemente nas mãos. Ele recua alguns passos. Os ante-passados se enlaçam pelas costas, estreitando o círculo. O rapaz se ajoelha. Também os antepassados se ajoelham. O rapaz inclina a cabeça. Os antepassados pousam ne-le uma das mãos.
Hellinger escolhe dois outros homens e os coloca frente a frente. Um deles, co-mo mais tarde se revelará, é o pai do rapaz. O outro é um outro antepassado.
Hellinger pede aos representantes dos antepassados que se levantem e abram o círculo. Ele inclui o rapaz no círculo e pede que todos olhem para os dois homens que ainda estão do lado de fora.

Os representantes, junto com o rapaz, movem-se lentamente em direção aos dois ho-mens e os incluem também em seu círculo. O rapaz e alguns outros antepassados se inclinam profundamente. Porém um dos representantes recua.

HELLINGER *apontando para o representante que estava fora* Ele é o pai.

O rapaz vai ao encontro de seu pai. Eles se abraçam.

Hellinger pede aos outros representantes que façam um círculo firme em torno do antepassado que se retirou. Este fecha os olhos e leva a mão ao coração. O rapaz, junto com o pai, olha na direção dele.

HELLINGER *para o grupo* Agora o trauma voltou ao seu devido lugar. O rapaz es-tá livre.

Os *representantes dos outros antepassados apertam ainda mais o círculo em torno daquele antepassado.*

HELLINGER *para aquele antepassado* Abra os olhos e olhe para cada um.

O antepassado começa a soluçar em alta voz e cai de joelhos. Os outros antepassados se ajoelham perto dele. Depois de algum tempo ele se acalma e se deita no chão. Alguns dos antepassados o amparam e se deitam ao seu lado. Depois de algum tempo, Hellinger pede que os outros antepassados se afastem.
O pai continua a abraçar pelas costas o seu filho.
HELLINGER *aponta para o antepassado que está deitado no chão, junto com outros* Ali está a reconciliação que devia ser feita. Agora todo o sistema ficou em paz. Os que estão deitados no chão podem consumar sua morte. Tudo pode ser esquecido.
para o representante do filho Como você se sente?
FILHO Aqui eu me sinto muito seguro. Mas não posso chegar perto dos outros.
HELLINGER Exatamente.
para os representantes Muito obrigado a vocês todos.
para Karl Aqui vimos o que é a força dos homens. Creio que você sabe o que ainda deve ser feito. Agora isso vai atuar por si mesmo. Tudo de bom para você e o rapaz.

para o grupo O que vimos é um sistema psicótico. Já sabíamos que o pai é psicótico. O filho naturalmente também era.

O que significa psicose?

Já é tempo de honrarmos aqueles que denominamos psicóticos, e especialmente os que diagnosticamos como tais. Pois a psicose não é uma doença nem uma culpa. É uma tentativa de juntar o que não pôde se compatibilizar no sistema, especialmente um perpetrador e sua vítima. Eles não se juntam nesse sistema. Por isso o sistema só encontra sua paz quando eles também se aproximam. Pois não existe, afinal, uma ligação mais estreita do que entre o assassino e sua vítima.

A reconciliação entre eles é o paradigma de toda reconciliação. Somente aqui se mostra o sentido último de uma reconciliação. Nela a culpa não importa mais. Já não existe diferença entre bons e maus, perpetradores e vítimas:

diante de um poder superior, existem apenas pessoas que nesse conflito foram tomadas a seu serviço.

O psicótico experimenta em si os lados antagônicos. Em sua alma ambos estão presentes, o assassino e sua vítima, porém não reconciliados. Por isso ele está perturbado.

Por meio desse trabalho e desses movimentos da alma, como os denomino, podemos ajudar esses dois lados a se compatibilizarem. Então todo o sistema fica curado: não apenas aquele rapaz, mas também seu pai e muitos das gerações anteriores, que provavelmente também foram psicóticos.

A consciência moral opõe-se a isso. E sempre existem pessoas que, em sua boa consciência, se indignam contra o assassino. Elas não toleram que um assassino, um criminoso, também seja acolhido no todo com os mesmos direitos. Desprender-se dessa boa consciência e, ultrapassando essa moral, reconhecer a todos, num nível superior, como igualmente bons e tomados a serviço, é a grande realização que exige de nós a consideração desses contextos, e a recompensa que ela nos proporciona.

Adendo: Voltei a encontrar Karl três meses depois. Ele me informou que na mesma tarde, depois da constelação, houve uma reviravolta na casa do rapaz. Desde então seu comportamento mudou totalmente e sua agressão cessou. Contudo, há pouco tempo, ele voltou ao comportamento anterior.

Perpetradores e vítimas

Tomar e deixar

O que é que abre nossa alma, aprofundando-a e fazendo-a crescer? Respondo com um simples exemplo. Quando vocês olham uma pessoa inocente e uma outra que assumiu uma culpa, qual delas tem a alma mais estreita? — É a alma inocente. Qual é a verdadeira razão? — É que quem se esforça por manter a inocência bane muita coisa de sua alma. Com isso ela permanece estreita, permanece criança. Quem cresce interiormente acolhe na alma o que antes tentou expulsar dela.

Quando somos educados em uma família precisamos excluir alguma coisa, o que chamamos de mau ou perverso, para ter o direito de pertencer-lhe. O preço que pagamos para pertencer à família é a disposição de eliminar ou excluir o que não tem parte nela. Quando, apesar de tudo, damos a isso um lugar em nossa alma, temos má consciência, mesmo que tenhamos feito algo de bom.

Aproximamo-nos da realidade na medida em que abrimos espaço em nossa alma ao que é diferente. Isso começa quando acolhemos o que nos traz sentimentos de culpa. Com isso nos sentimos culpados, mas também nos sentimos mais perto da terra, mais conectados a nossos semelhantes, e mais fortes.

Na família, às vezes, algumas pessoas são excluídas ou simplesmente desaparecem porque ninguém mais pensa nelas. Também podemos continuar envolvidos por muito tempo com alguém que morreu, ou ficar irritados e cortar relações com alguém.

O que acontece quando prolongo o luto por alguém? Uma parte de minha alma permanece com essa pessoa. Isso não pesa somente sobre mim; pesa também, talvez, sobre ela, pois não fica livre enquanto eu não interiorizar a parte que deixei com ela. Quando acolho com amor, em minha alma, essa pessoa em sua totalidade, tal como ela é, fico mais rico e, ao mesmo tempo, curiosamente, também fico livre em relação a ela. Acolhendo-a com amor, eu a ganho e ela se torna parte de mim. Ao mesmo tempo, fico livre dela e ela fica livre de mim.

Um exemplo simples. Quando dou a meus pais um lugar em minha alma com amor, eu os tenho e sinto-me ampla e ricamente presenteado. Simultaneamente, sinto-me livre em relação a eles. Estou livre diante deles porque os aceitei. Pela mesma razão eles também sentem que estão livres em relação a mim. Nisso reside, portanto, o estranho paradoxo: ao aceitar, eu me enriqueço, mas ao mesmo tempo fico livre. Também o outro fica livre em relação a mim, porque o acolhi.

E, quando tomo o que essa pessoa me deu, ela nada perde. Pelo contrário. Quando o que ela me deu ou transmitiu é aceito, ela não o perde e também se enriquece. Porém, quando me recuso a aceitar alguma coisa, ambos ficamos mais pobres: aquele que quis me dar algo e eu, que me recusei a aceitá-lo.

Para o que serve esta longa introdução? Ela se relaciona às dinâmicas que levam a psicoses numa família. Quando lidamos com psicóticos vemos que em suas famílias algo foi reprimido, algo que as pessoas não querem ver, freqüentemente algo perigoso: por exemplo, um assassino ou sua vítima. Então é possível perceber que esses dois, o assassino e sua vítima, não se reconciliaram. O assassino teme acolher a vítima em sua alma, e a vítima teme acolher o assassino em sua alma. Com isso, uma parte da alma do assassino fica com a vítima, e uma parte da alma da vítima fica com o assassino. Com isso, eles permanecem amarrados um ao outro e não conseguem desprender-se.

Como conseqüência disso, algum membro da família precisará algum dia representar ambos, o assassino e a vítima. Com isso poderá tornar-se psicótico, pois, de um lado, se identifica com a vítima e, de outro, com o assassino. O conflito entre ambos, que estão mutuamente entregues sem que se harmonizem, também é vivenciado na alma dessa pessoa, causando sua confusão.

Que procedimento adotamos para a solução? — Olhamos para o perpetrador e a vítima e colocamos, talvez, frente a frente, os seus representantes. Em seguida ajudamos a vítima a acolher o assassino em sua alma, e ajudamos o assassino a acolher a vítima em sua alma. Quando eles conseguem isso, livram-se um do outro e também se reconciliam. Então a alma do psicótico também se reconcilia com ambos e fica livre de ambos.

A reconciliação

Proponho que façamos um exercício.

Fechamos os olhos. Agora cada um de nós se dirige para a sua família e olha para todos os que pertencem a ela: os bons e os maus, os violentos e as vítimas, os culpados e os inocentes. Voltamo-nos para cada um deles, fazemos uma reverência e lhe dizemos: "Sim. Eu o respeito, respeito o seu destino e a sua destinação. — Eu o aceito agora no meu coração, tal como você é, — e você também pode me aceitar em seu coração." Finalmente, todos nos voltamos para a mesma direção, para o horizonte — e nos curvamos profundamente. Diante desse Oculto distante somos todos iguais.

Exemplo: O campo de batalha

(De um curso de treinamento em Zurique, 2003)

HELLINGER *a uma participante* Qual é a sua questão?
UMA PARTICIPANTE O tema "perpetradores e vítimas" não me deixa em paz. Desde ontem estou trêmula, sinto falta de ar e uma dor no coração. Parece que existe aí algum segredo que quer ser descoberto ou que precisa ser honrado ou assumido.
HELLINGER Está bem. Feche os olhos.

Hellinger espera longo tempo, concentrado. A participante treme.

HELLINGER Vamos fazer juntos uma viagem. Vamos visitar um campo de batalha recente.

A participante treme.

HELLINGER Não restou ninguém. Morreram todos.

A participante inclina a cabeça e tem um intenso tremor.

HELLINGER Ninguém mais se move. — Ninguém vê você. Ninguém ouve você. Tudo passou.

A participante respira aceleradamente.

HELLINGER Para todos tudo passou. — Ninguém mais se preocupa em saber o que houve — ou como ele era — ou o que ele era.

Ela solta um profundo suspiro.

HELLINGER Nem o que fez — nem o que sofreu. — Tudo passou.

Ela continua tremendo.

HELLINGER Seus sucessores já se armam para uma nova guerra. No final, o mesmo campo de batalha. Tudo passou. Tudo em vão. — Entre as guerras, um pouquinho de paz.

Ela respira bem fundo e seu tremor cessa. Hellinger torna a esperar muito tempo.

HELLINGER Isso basta.

Depois de algum tempo, a participante abre os olhos e volta o olhar para Hellinger.

HELLINGER Está bem assim?
PARTICIPANTE Eu aceito.
HELLINGER A grande felicidade é extremamente modesta.
Ambos trocam sorrisos.
PARTICIPANTE Agradecida.
HELLINGER Tudo de bom para você.

A paz

A paz é o nosso anseio: finalmente, a paz. Contudo, o que se passa conosco quando a conseguimos? Deixamos de crescer. Só podemos crescer onde existe luta, onde nada se concluiu. Somente então podemos crescer.

A vida se afirma sempre em circunstâncias difíceis. A fantasia de uma paz eterna é um sonho. Mas quando enfrentamos os conflitos e os aceitamos, os lados opostos se reúnem num nível superior, pelo menos em nós. Depois dos conflitos sentimo-nos mais ricos. Mas logo vem o seguinte. E assim continuamos a crescer nos conflitos.

Como procedem os que querem uma paz permanente na terra? São freqüentemente agressivos e impedem a verdadeira paz. Às vezes querem eliminar um conflito provocando um novo conflito.

Assim, esperamos pela paz até que ela se instale depois de uma luta. Então passamos para a luta seguinte.

A plenitude

Só pode reconciliar-se o que estava dividido. Só pode unir-se o que estava separado. Portanto, a separação e as diferenças são um pressuposto para a reconciliação.

O que significa reconciliar-se? O que implica a paz nesse contexto? — Implica que as diferenças e oposições sejam mantidas e, contudo, reconhecidas. Que elas se honrem, completem e enriqueçam mutuamente. Com isso cada parte reconhece direitos iguais à outra. As diferenças podem subsistir. Mas quando elementos diferentes se associam, todos juntos alcançam a plenitude.

Estranha religião

A culpa

A culpa entre as pessoas nasce quando fazemos a alguém algo que o prejudica ou quando reivindicamos algo cujo preço é pago por outra pessoa; portanto, quando obtivemos alguma vantagem à custa de outro ou quando sacrificamos outro para obter alguma vantagem.

A maior das culpas é, na minha opinião, sacrificar o próprio filho. Estranhamente isso é descrito, às vezes, como se fosse o mais elevado amor. Alguns afirmam, por exemplo, que Deus fez crucificar o seu filho por amor a nós, e que por esse sacrifício ganhamos a vida. Essa imagem cruel continua atuando em muitas famílias e ainda hoje se sacrificam filhos de muitas maneiras — por exemplo, consagrando-os a Deus ou sacrificando-os a um ideal.

A mãe de Samuel, por exemplo, prometeu a Deus que, se ganhasse um filho, o levaria ao templo para que servisse a Deus. Isso significa, naturalmente, sacrificar um filho. Vemos, ainda hoje, algo semelhante em muitas famílias piedosas, que consagram um filho a Deus ou se alegram quando um filho se consagra a Deus. Ocorrem casos em que um filho da família é destinado a tornar-se sacerdote ou monge. O que sustenta isso é a convicção de que tal sacrifício traz bênçãos para a família.

A mesma idéia atua também na criança que é sacrificada ou se sacrifica. Algumas crianças imaginam que se adoecerem ou morrerem poderão salvar seus pais. Outras se oferecem para expiar por alguma culpa dos pais. Isso geralmente acontece de modo inconsciente.

Esses poucos exemplos nos permitem ver com que freqüência as pessoas são amarradas a uma culpa e entregues a ela — como sacrifício por uma culpa.

O que fazem muitas pessoas com essa culpa, real ou imaginária, que julgam ter diante de Deus ou que assumiram de alguém por identificação? Elas se punem de diversas maneiras. Essa punição consiste num sacrifício, seja de que tipo for. No caso de uma culpa grave, seja real, imaginária ou assumida, elas adoecem ou morrem, muitas vezes em decorrência de algum acidente ou por suicídio. Esse sacrifício serve de expiação por uma culpa.

Que efeito terá um tal sacrifício na próxima geração? A expiação pela culpa atua como uma nova culpa, pela qual outras pessoas precisarão expiar. Assim a desgraça não tem mais fim.

Como se lida com a culpa? — Com humildade. Precisamos saber e admitir que não podemos escapar da culpa pessoal, da culpa imaginária ou daquela que assumimos em lugar de outro. Sabendo disso, nós assumimos essa culpa, mas não como uma expiação e sim como uma força. Pois quem se torna culpado em plena consciência e assume sua culpa ganha força.

Para que serve essa força? — Para fazer algo de grande, algo que cura. Dessa maneira é possível assumir também uma culpa pessoal.

Uma compreensão importante sobre a culpa é que, depois de algum tempo, ela tem o direito de ser esquecida. Com isso nos tornamos humildes mas, também, compassivos.

O sacrifício

Gostaria de dizer alguma coisa sobre os segredos da alma infantil. São segredos pueris que continuam influenciando muitos adultos. Dizem respeito à religião — a uma estranha religião.

Uma dessas idéias é que, quando uma pessoa adoece, uma outra, que está doente, melhora. Ou, quando uma pessoa está doente e alguém reza a Deus e lhe promete que quer ser infeliz para que ela melhore, ela efetivamente melhora. Muitas crianças pensam assim.

Por trás disso existe a idéia de que Deus é realmente mau, e que somente fica benigno quando lhe oferecemos sacrifícios ou imolamos animais, ou quando ele faz crucificar o próprio filho. Nessa concepção, Deus é tão pequeno que precisa ser subornado com sacrifícios. E é corrupto, pois só ajuda quando lhe pagamos o suficiente.

Essas idéias não poderiam ser mais insensatas, pois convertem Deus em nosso servidor. Mas as crianças procedem assim, e também muitos adultos.

Contudo, todos esses esforços e sacrifícios são inúteis.

A compensação

A dinâmica que mencionei tem algo a ver com nossa necessidade de compensação.

Em nossas relações humanas, quando presenteio uma pessoa, ela se mostra benévola e me retribui de algum modo. Isso é bom e necessário, mas apenas entre os seres humanos. Com Deus não se pode negociar assim.

Expiação e reparação

Quero dizer mais uma coisa sobre expiação. Quando alguém expia por algum mal que fez a outro, o que ele faz na realidade? Faz algum mal a si mesmo. Em quê, porém, isso ajuda a pessoa a quem prejudicou? Ela ganha alguma coisa com isso?

Assim sendo, qual é a utilidade da expiação? — Quem a realiza age apenas em benefício próprio, para que volte a sentir-se bem. A expiação é, portanto, um ato egoísta. Se realmente queremos reparar alguma coisa, precisamos olhar a outra pessoa nos olhos e fazer algo em seu benefício, para que ela fique melhor. Com isso também nos sentiremos melhor.

Entretanto, a sociedade exige que os criminosos expiem. Isso é importante para a sociedade, pois só poderá subsistir se os delitos contra ela forem punidos. A pena é o instrumento da expiação. Cumprida a pena e realizada a expiação, muitos acham que isso apagou a sua culpa. Mas mesmo que um perpetrador cumpra dez anos de prisão por algo cometido contra alguém, não haverá reparação enquanto ele não se encontrar com sua vítima e lhe oferecer uma compensação.

Em Viena um jesuíta me falou sobre a maneira como educa menores infratores. Ele os leva a visitar as pessoas a quem lesaram. Um deles tinha roubado uma bolsa em que uma anciã guardava todas as suas economias. O jesuíta levou o jovem a visitar essa senhora. Ele teve de encará-la e sentir sua pobreza.

Então o rapaz lhe disse: "Sinto muito." E perguntou-lhe o que podia fazer por ela.

Ela lhe respondeu: "Você poderia arrumar o meu jardim."

Ele assumiu o trabalho e trabalhou durante quatro semanas no jardim da anciã. Isso foi uma expiação? Não, mas foi uma reparação. Terminado o trabalho aquela senhora tinha se afeiçoado ao rapaz, e ele próprio estava mudado. Aqui se nota a diferença.

Entretanto, existem injustiças e ofensas que não podem ser reparadas, como muitos danos que causamos ao corpo ou à vida das pessoas. Quando alguém atropela e mata uma pessoa, não pode reparar isso.

Como lidar com uma culpa dessa natureza? Pode-se encarar interiormente a pessoa que morreu e dizer-lhe: "Sinto muito o que aconteceu. Não posso reparar isso. Mas em sua memória farei algo de bom." O sentimento de culpa, quando reconhecido, proporciona uma força que nos permite fazer algo de bom; nesse caso, por exemplo, alguma ação em benefício de pessoas acidentadas.

Um assassino pode imaginar que olha nos olhos de sua vítima e diz a ela: "Em sua memória vou assumir uma tarefa perigosa, que muita gente não ousa fazer." Então trabalha, por exemplo, no desarmamento de minas. Quando faz um trabalho como esse em memória da pessoa que morreu, ele recebe força para isso. Ao mesmo tempo sua vítima é homenageada e pode descansar em paz. Essa é a diferença entre uma expiação e uma reparação.

Em Paris, depois de um acidente com um Concorde, os familiares das vítimas receberam um milhão de dólares como indenização. O que se passa na alma dos sobreviventes quando recebem e gastam esse dinheiro? Seja o que for que comprem, estarão dizendo às vítimas: "Tirei uma vantagem de sua morte." O que acontece com o luto? É ainda possível? Vocês percebem que efeito isso produz nas almas?

Perdoar e esquecer

O perdão que une é oculto e silencioso. Ele não é falado mas praticado. No fundo, é o mesmo que indulgência. Ele não leva em conta um erro, uma injustiça ou uma culpa. Ele esquece. Dessa maneira, o erro, a injustiça e a culpa não causam danos à relação. Pelo contrário, na indulgência silenciosa a relação se aprofunda e a confiança recíproca cresce, principalmente em quem se valeu da indulgência. Ela lhe permite que, quando chegar sua vez, também não leve em conta e esqueça os erros, injustiças e culpas de outros.

A situação é diferente quando um diz ao outro: "Eu lhe perdôo." Pois, ao dizer isso, declara-o culpado, coloca-se acima dele e humilha-o. Esse perdão explícito suprime a igualdade numa relação humana. Em vez de salvar a relação, a coloca em risco.

Como é, porém, quando o outro nos pede perdão? — Quando o pedido nasce da dor de nos ter perturbado ou ofendido, ele permite que esqueçamos mais facilmente o erro, a injustiça ou a culpa, principalmente quando também tivemos alguma culpa em relação ao outro. Então podemos conceder-nos reciprocamente um novo começo, sem voltar ao que houve. Essa é uma maneira muito humana de perdão, pois ambos permanecem iguais e, ao mesmo tempo, humildes.

Existem, porém, situações, em que se proíbe a indulgência, quando a culpa é de tal gravidade que só pode ser reconhecida pelo ofensor e sofrida pelo ofendido. O caso extremo dessa culpa é o assassinato, pois é irreparável. Aqui o culpado precisa assumir a culpa e suas conseqüências, sem esperar o perdão. E os envolvidos não podem arrogar-se o direito de perdoar, como se pudessem fazê-lo e tivessem esse direito.

O que se passa na alma de um culpado que espera e pede perdão? — Ele deixa de olhar as vítimas que prejudicou de modo irreparável. E já não pode ficar de luto por elas. Em lugar disso, procura esquivar-se das conseqüências de sua culpa, empurrando-a para a sua vítima e empurrando-lhe a responsabilidade por ela. Talvez até se zangue com a vítima, como se ela tivesse a obrigação de perdoar-lhe. Caso seja perdoado, o perpetrador perde sua dignidade e grandeza. E quem o perdoa priva-o dessa dignidade e grandeza e, principalmente, da força que ele poderia receber se assumisse a culpa e suas conseqüências. Pois quem empreende e realiza, a partir dessa força, algo especial para seus semelhantes, ganha sua dignidade e, de certa maneira, recupera seu lugar entre eles.

O que se passa na alma dos que concedem o perdão a um tal culpado? — Eles também perdem de vista as vítimas e não podem mais ficar de luto ou sofrer com elas. Acima de tudo, porém, colocam-se acima do culpado e o tornam pequeno e desprezível. Seu perdão pode provocar a raiva do culpado, pois sua pessoa e seu ato não são levados a sério. Esse tipo de perdão, em vez de acabar com o mal, o alimenta e fortalece.

Quem concede um tal perdão arroga-se algo que só compete a um poder superior, ao qual o perpetrador e a vítima estão entregues e em cujo serviço se encontram, cada um à sua maneira. Quem quer perdoar, nesse caso, recusa honrar esse poder e coloca-se como igual ou mesmo superior a ele.

Quando o perpetrador e a vítima reconhecem que não podem escapar das conseqüências desse crime porque ambos chegaram a limites intransponíveis, precisam reconhecer a própria impotência e curvar-se diante do seu destino. Isso os une de uma maneira humana e profunda e lhes facilita, na presença desse destino, o caminho para a reconciliação.

Como podemos proceder humanamente diante de perpetradores e vítimas? — A resposta humilde a isso é a misericórdia. Ela é um movimento, uma atitude do coração diante de nossos semelhantes, mas também diante dos animais e de qualquer outra criatura. Sentimos isso diante do sofrimento e da culpa inevitáveis de nossos semelhantes e procuramos mitigá-los com obras de caridade, cientes de que esse sofrimento e essa culpa não podem ser abolidos em profundidade.

Como nos tornamos misericordiosos? — Quando, confrontados com a própria necessidade, a própria culpa e a própria situação, freqüentemente sem saída, entendemos em que medida também nós dependemos da misericórdia e da indulgência alheia. Os misericordiosos compartilham a impotência dos culpados e dos sofredores, e essa impotência não lhes permite que os julguem ou perdoem. Permanecem numa posição humilde. Essa misericórdia é silenciosa.

Com isso falei também do amor que reconcilia. É um amor especial, que está acima daquele amor que ainda quer alguma coisa. O amor significa, nesse contexto, reconhecer todos os outros como iguais a mim diante de uma realidade maior. A humildade tem o mesmo sentido. Perdoar e esquecer, também.

Exemplo: Incas e espanhóis

(De um curso na Flórida, 2003)

HELLINGER *para uma peruana, descendente de incas* De que se trata?
MULHER Meu corpo está se desintegrando. Meus ossos estão cedendo. Sinto que minha cabeça se separou do meu corpo.

A mulher começa a chorar. Hellinger escolhe um representante e o coloca em cena.

HELLINGER *para esse representante* Você é o último rei inca, decapitado pelos espanhóis.

O representante do rei inca respira fundo. Hellinger coloca a mulher diante dele.

A mulher cruza as mãos diante do peito e chora. Ela olha para o chão.
Hellinger escolhe um homem como representante dos conquistadores espanhóis e o coloca um pouco de lado, a igual distância de ambos. A mulher retrocede lentamente, com os olhos fixos no chão.

Hellinger escolhe cinco representantes e lhes pede que se deitem de costas entre o rei inca e a mulher.
A mulher recua um pouco e prorrompe em choro. O rei inca se ajoelha ao lado dos mortos e curva a cabeça.
Hellinger escolhe mais dois representantes de espanhóis e os coloca ao lado do primeiro.

A mulher se aproxima dos mortos e soluça em voz alta. Senta-se perto do primeiro morto, segura a cabeça dele e chora. Mas ele não se move.
Depois de algum tempo, Hellinger levanta a mulher e a conduz até o rei inca. Esse continua ajoelhado e totalmente imóvel. A mulher se posta ao seu lado e chora. Depois de algum tempo, ajoelha-se, toca-o e tenta atrair o seu olhar. Ele, porém, não se move. Depois de algum tempo ele inclina a cabeça para a frente.

Hellinger vai de novo até a mulher e a conduz até os espanhóis. Um deles olha para ela. Depois de algum tempo seus olhares se cruzam. Todos os espanhóis fixam seu olhar nos mortos.

Hellinger reconduz a mulher para o lado oposto e a coloca de frente para os espanhóis, estando os mortos deitados entre eles.

Depois de algum tempo, Hellinger traz de novo a mulher e a coloca entre os espanhóis. Ela respira fundo.

HELLINGER *para a mulher* Como se sente aí?
MULHER Aqui eu me sinto em casa.

Ela respira fundo e chora.

HELLINGER Olhe para os espanhóis.
Ela os olha por um longo tempo. Depois enlaça um deles com um braço, e ele a enlaça também. Ela se vira para um segundo espanhol e o encara por um longo tempo. Eles se dão as mãos. O espanhol respira fundo, olha para os mortos e chora. Os seus companheiros também olham para os mortos. O rei inca se estirou de bruços no chão, junto dos outros mortos.

HELLINGER Vou parar aqui.
para os representantes Obrigado a todos.
depois de algum tempo, para a mulher Como se sente agora?

Ela sorri para ele.

MULHER Sinto uma forte energia fluindo pelos meus braços. Sinto-me bem.
HELLINGER O que aconteceu com a sua cabeça? Juntou-se de novo ao corpo?
MULHER Ela está aqui. Posso senti-la.

HELLINGER *para o grupo* Eu já sabia alguma coisa sobre essa mulher, pois trabalhei com ela em Washington. Sabia que se sentia ligada aos incas e a seus antepassados. Por isso vocês não devem admirar-se do modo como trabalhei com ela.

Durante a constelação ela manifestou, em certos momentos, uma energia de perpetradora, cerrando os punhos várias vezes.

Também pudemos ver outra coisa. Os espanhóis só se abrandaram quando também foram reconhecidos e amados.

A despedida

HELLINGER Enquanto tomarmos partido pelas vítimas, enquanto não pudermos esquecer o passado, não haverá futuro.

Como se sentem as vítimas quando seus descendentes querem vingá-las? Podem estar realmente mortas e em paz? Ou com isso eles interferem em sua morte e em sua paz?

Nesse ponto precisamos atentar para algo muito importante. Falei há pouco com Carola Castillo, da Venezuela. Ela trabalha com indígenas em seu país e me contou que agora estão perfurando poços de petróleo nos lugares sagrados dos índios. Isso, naturalmente, é uma grave injustiça contra eles. Os índios se apegam ao seu passado, ali estão suas raízes. Mas, enquanto choram pelo passado, terão eles um futuro?

Muitas vezes queremos prolongar o passado, não permitindo que ele seja definitivamente passado. Quem olha para trás não têm futuro. Aquele que está pronto a admitir que o passado acabou sente a necessidade de mudar. Já os que olham para trás não precisam mudar. Permanecem imobilizados e não têm possibilidade de sobreviver. Somente podem progredir os que se submetem ao ciclo dos acontecimentos, onde tudo tem seu começo, seu apogeu e seu fim.

para a peruana Isso exige muito de vocês. Só assim é possível crescer.

Ambos se olham.

HELLINGER Está bem assim?

Ela concorda com a cabeça.

HELLINGER Tudo de bom para você.

Ela se levanta, dobra as mãos, volta lentamente ao seu lugar e sorri.

Adendo: Na manhã seguinte essa mulher me escreveu uma carta, onde me informava que era uma descendente direta do último rei inca Tupac Amaru II, que em 1850, depois de comandar uma revolta contra os espanhóis, foi esquartejado em Cuzco.

A liberdade

Quero dizer algo sobre a liberdade, a assim chamada liberdade. O que se passa realmente conosco quando nos sentimos livres? Existe uma liberdade vazia. Nela não existe nada, e nós nos sentimos igualmente vazios. E existe uma liberdade preenchida, cujo efeito é totalmente diverso.

A liberdade preenchida desenvolve-se numa relação. Meus atos nessa relação são percebidos por mim simultaneamente como livres e como totalmente vinculados a alguém. Quando digo a uma pessoa querida: "Eu te amo e amo o que me guia e te guia", e me entrego a esse sentimento, estou completamente vinculado. Não estou livre. Entretanto, sinto-me preenchido. Logo que tomo a decisão de entregar-me a alguém ou a algo, a liberdade está nessa decisão: "Eu me entrego." A partir daí eu me movo como num rio. Ele me proporciona uma certa liberdade de movimento mas, no essencial, ele me carrega e me leva numa determinada direção.

Quando alguém diz que precisa livrar-se de algo e se livra disso, o que lhe resta? Ele tem algo ou perdeu algo? — Ele só volta a ter algo quando assumir alguma coisa. Na medida em que assume alguma coisa, ele se decide. Na decisão ele ainda é livre, mas depois dela está vinculado.

Em termos gerais, o anseio pela liberdade é egoísta, como se a pessoa afirmasse: "Quero fazer algo por mim. Desenvolver-me por mim. Buscar iluminação para mim." Todavia, isso não se insere numa relação. Que peso têm os que lutam por esse tipo de liberdade, comparados, por exemplo, a pais que criam filhos e praticamente não têm liberdade, pois estão totalmente presos a suas tarefas e obrigações? Esses pais sentem-se preenchidos no que fazem. Porém não estão livres para fazer algo para si mesmos, independentemente do contexto e das relações a que estão vinculados.

A paz do coração

Gostaria de falar um pouco mais sobre a reconciliação. O que significa reconciliação? Significa que dois lados real ou aparentemente contrários se encontram, sem que se anulem reciprocamente. Quando estamos em nosso círculo habitual, em nossa cultura, em nossa família, em nossa religião, em nossa língua, seguindo uma determinada ordem de valores, sentimo-nos seguros. Ao mesmo tempo, somos também limitados. Pois além desse círculo existe um outro círculo, uma outra cultura, existem homens de outra raça, com outra religião, outras obrigações e uma consciência diferente. E os membros desse outro círculo também estão solidários e seguros.

Entretanto, falta a cada grupo algo que o outro tem e pode oferecer-lhe. Cada um deles permanece limitado, sobretudo espiritualmente, porque o acesso a muitas coisas novas está vedado para ele. Se, porém, cada um dos grupos se abre ao outro e reconhece que aquilo que lhe parecia talvez ameaçador e diferente é humanamente válido e equivalente ao que ele próprio tem, ambos os grupos podem associar-se sem se misturarem. Ambos subsistem e se enriquecem mutuamente. Assim se consegue a reconciliação.

Isso também pode ser reduzido e aplicado a algo bem simples. Cada pessoa tem algo em si que gostaria de rejeitar, algo que não lhe corresponde totalmente porque se opõe a um certo ideal que ela concebeu. Então sua alma fica inquieta, mantém-se na defensiva e não encontra a paz.

A reconciliação acontece quando interiorizo o que rejeitei e digo sim a isso como ao restante. Quando aceito isso como igualmente válido, sem fazer distinções. Então aquilo que rejeitei enriquece o que tenho. Aquilo que tenho se alarga e encontra paz no que eu rejeitara. É o que se chama a paz do coração ou, em inglês, *peace of mind.*

A tranqüilidade

Quem é tranqüilo? — Primeiro, quem pode esperar. Segundo, quem confia em algo maior, num movimento que o dirige e sustenta.

Quem é inquieto? — Aquele que teme não ter mais tempo e que algo vai terminar. Ele perde a conexão com sua alma. Fica sôfrego e procura febrilmente por ajuda de fora.

Quando alguém procura ajuda nessa sofreguidão, alguém pode ajudá-lo? — Não, pois também ficaria fora de si.

Imagine que todos os seus desejos se realizem (há gente que de fato imagina isso). Como fica aquele cujos desejos foram satisfeitos? Fica sozinho, porque seus desejos não se conectam a algo maior. Quem abre mão dos próprios desejos pode respirar livremente. Ele entra em sintonia com algo maior, é conduzido a algo maior que o seu desejo original. Pois nossos desejos, em sua maioria, são desejos infantis. Quando se realizam permanecemos crianças.

O adulto que os ultrapassa torna-se amplo e sereno.

Exemplo: Poloneses e ucranianos

(De um curso em Varsóvia, 2003)

HELLINGER *para Olga* De que se trata?
OLGA Sou muito agressiva e fico violenta com minha filha mais velha.
HELLINGER Sua coragem em dizer isso mostra que está disposta a trabalhar comigo.

Ela assente com a cabeça.

HELLINGER Vou ajudá-la nisso, está bem?

Ela faz que sim.

HELLINGER Vamos voltar um pouco ao passado. O que ocorreu em sua família de origem?
OLGA Minha mãe vivia com sua família numa região que, antes da guerra mundial, pertencia à Polônia e atualmente faz parte da Ucrânia. Muitos poloneses foram mortos pelos ucranianos, depois pelos alemães e, finalmente, pelos russos. Eles se revezaram.
HELLINGER Algumas pessoas da sua família também foram mortas?
OLGA Eles sobreviveram porque uma ucraniana os escondeu. Essa mulher foi morta depois por causa disso.

HELLINGER *para o grupo* Quando vocês se expõem ao que ela disse, vocês percebem o que nos toca mais fundo. Com quem estava a energia mais forte? Pois neste trabalho começamos com a pessoa em que percebemos a energia mais forte. *para Olga* Você sentiu com quem estava a maior energia?

OLGA Com essa mulher

HELLINGER Justamente. Ela foi uma grande mulher.

Hellinger escolhe uma representante para essa mulher e a coloca em cena. Depois escolhe dois representantes de seus assassinos e os coloca diante dela.

O primeiro assassino fixa o olhar no chão, o segundo fica inquieto. A representante da mulher assassinada põe-se de cócoras, esconde o rosto com as mãos e soluça. Depois estende-se de bruços no chão.

Hellinger pede a Olga que se poste atrás da mulher, diante dos assassinos.

HELLINGER *depois de algum tempo, para Olga* Diga a eles: "Ela nos salvou."
OLGA Ela nos salvou.

Hellinger a conduz até os dois assassinos.
Os assassinos olham para o chão e não ousam olhar para ela. O primeiro cobre o rosto com as mãos e chora. Olga também chora.

HELLINGER *para Olga, depois de algum tempo* Tome pela mão os dois assassinos e leve-os à mulher deitada no chão.

Olga se coloca entre os dois assassinos e os aproxima lentamente da mulher assassinada. O primeiro deles soluça em voz alta. Os três se ajoelham junto da mulher morta que, nesse meio tempo, virou-se de costas. Ela lhes estende a mão esquerda e os olha. Eles tocam em sua mão.
Olga se curva até o chão. O segundo assassino deita-se no chão, ao lado da ucraniana assassinada. O primeiro assassino soluça em alta voz. A seguir, ele e a cliente se erguem.
Depois de algum tempo Hellinger pede a Olga que se levante. Afasta-a dos assassinos, leva-a para o outro lado e coloca ao seu lado uma representante de sua filha.

HELLINGER *para Olga* Diga à mulher morta: "Esta é minha filha."
OLGA Esta é minha filha.

Ela diz isso em alemão e soluça em alta voz. Então abraça a filha, que se aconchega em seus braços. Elas se abraçam ternamente, depois se entregam a um movimento de balanço.

HELLINGER *para Olga* Diga também aos dois homens: "Esta é minha filha."
OLGA Esta é minha filha.

Ela diz isso, de novo, em alemão. O segundo assassino se ergue um pouco e olha para a filha.
Hellinger pede aos assassinos que se levantem e se postem atrás da cliente e de sua filha.
A mãe e a filha continuam intimamente abraçadas. Olga chora.

HELLINGER *para a mulher assassinada* Como se sente agora?
MULHER ASSASSINADA Melhor.

HELLINGER *para o segundo assassino* E você?

SEGUNDO ASSASSINO Muito melhor.

PRIMEIRO ASSASSINO Muito melhor.

HELLINGER *para Olga* Isso não é simplesmente amor?

A mãe e a filha olham para Hellinger. Elas concordam balançando a cabeça e sorriem.

HELLINGER Está bem.
para os representantes Obrigado a vocês.

Envolvimento de famílias em conflitos não-resolvidos entre povos

HELLINGER *para o grupo* Vou lhes contar uma história. No ano passado, num curso para casais que dei em Washington, uma mulher quis fazer a constelação de sua família atual. Como tinha vindo sem o marido, coloquei em cena, diante dela, um representante do marido. Ele começou logo a tremer no corpo inteiro. Tinha medo da mulher.

Perguntei à mulher: Você já pensou em matá-lo?

Ela respondeu que sim.

Nesse ponto interrompi a constelação. Quando ocorre algo assim, estão envolvidos acontecimentos de um passado distante. Eu a interroguei a respeito, mas ela não soube informar-me.

Algum tempo depois, ela me procurou e disse que seu pai tinha colaborado na construção da bomba atômica. Ela própria se questionava por que razão tinha se casado com um japonês. Quando fizemos a constelação, manifestou-se que ela estava identificada com a bomba atômica, e que em seu relacionamento com seu marido eles continuavam a guerra entre o Japão e os Estados Unidos.

Até que tais acontecimentos do passado sejam satisfatoriamente resolvidos, eles interferem nas relações familiares, sem que os envolvidos estejam conscientes desse envolvimento.

para Olga Em sua família também houve algo do passado que não foi resolvido. Aqueles ucranianos foram odiados. Por terem sido excluídos, eles tiveram que ser representados por outros membros da família. Você precisou representar os assassinos, e sua filha precisou representar a ucraniana assassinada. Assim sua relação com a filha prolongou esse conflito não-resolvido, sem que vocês estivessem conscientes disso. Por isso tivemos que olhar esse antigo conflito e resolvê-lo onde ele precisava ser resolvido em primeiro lugar. A ucraniana precisou encarar os seus assassinos até que pôde reconciliar-se com eles. Na constelação você esteve a serviço dessa reconciliação, aproximando da mulher os criminosos. No final todos ficaram em paz. Agora os assassinos e a mulher podem apoiar você e sua filha com amor e proteção. Com isso tudo mudou.

Pensamentos de paz

Paz para os mortos

Os mortos, em sua maioria, estão em paz. Toda preocupação com eles, todo pensamento neles, prejudica sua paz. Eles já transcenderam isso.

Tenho uma imagem particular da vida. Vejo-a como um intervalo entre o que havia antes e o que será depois. Assim, os que não nasceram e os que se completaram estão acolhidos do mesmo modo. Quando queremos alcançá-los para reparar alguma culpa nossa a seu respeito, eles não entendem isso.

Entretanto, podemos perceber que alguns mortos continuam atuando no presente. Ainda não estão em paz. Às vezes eles se fixam nos vivos e os atraem para a morte. Esses mortos precisam de ajuda. É como se não soubessem que morreram. Ainda buscam nutrição entre os vivos e os sugam. É perigoso envolver-se com eles, condescender com eles.

Como podemos esquivar-nos deles? — Pela pura ação. Na presença deles dissolvemo-nos, por assim dizer, na pura relação. Dessa maneira, não existe em nós nada a que eles possam se prender. Nessa pura relação ficamos totalmente permeáveis. Afastamos dos mortos o nosso olhar e o dirigimos para a misteriosa obscuridade em cuja presença nos mantemos recolhidos. Com isso, os mortos também se voltam na mesma direção, afastando-se dos vivos. E permitimos que se dissolvam no bendito esquecimento de que fala Richard Wagner.

Onde começa a paz? — Onde a lembrança termina. O mais profundo de todos os anseios é o de entrar nesse esquecimento.

Nesse assunto eu me aventurei demais. O que importa aqui, porém, é apenas identificar os movimentos que são possíveis e os efeitos que produzem em nossa alma e na alma de outras pessoas.

Qual é a pior coisa para os mortos? — Que sejam lembrados. Não inicialmente, enquanto a lembrança é ainda muito viva. Mas morrer é, aparentemente, um lento processo de dissolução. Não temos o direito de contrariar essa dissolução, mesmo com nossa lembrança.

As biografias de pessoas falecidas interferem nesse processo; o mesmo acontece com acusações, recriminações e lutos prolongados.

Algum tempo atrás tomei um livro nas mãos, com o desejo de ler algo sobre as cruzadas. Subitamente percebei que, se continuasse a leitura, perturbaria a paz dos perpetradores e de suas vítimas. Então fechei o livro.

Esquecer é uma suprema forma de amor.

Quem fica melhor entre os mortos? Quem completou sua morte e descansa na paz eterna? — Aqueles a quem permitimos ser esquecidos.

Imaginemos que estamos mortos e somos lembrados. A seguir, imaginemos que estamos mortos e somos esquecidos. Onde nos sentimos consumados?

Passado algum tempo, todos os mortos têm o direito de ser esquecidos.

Às vezes ainda existe um obstáculo, pois eles talvez esperam que os respeitemos, lhes agradeçamos e também façamos luto por eles. Só então se libertam de nós. Só então nos libertamos deles.

Bênção e maldição

A bênção vem de cima e flui para baixo. Ela nos vem de alguém que está mais alto que nós. Em primeiro lugar, trata-se dos nossos pais. Ao abençoarem os filhos, os pais se conectam muito profundamente ao fluxo da vida. Sua bênção acompanha a vida que transmitiram aos filhos. A bênção, do mesmo modo que a vida, vem de um passado muito anterior aos pais. Como a vida, ela é a transmissão de algo sagrado que primeiro nos foi transmitido.

A bênção é uma confirmação da vida. Ela a protege, acrescenta e acompanha. Ao mesmo tempo, remete o abençoado ao que é seu, à sua própria plenitude. Bênçãos e plenitude continuarão a fluir através dele para outras pessoas: seu cônjuge, seus filhos, seus amigos... E fluirão também para suas ações que visam apoiar e defender a vida, de modo mais amplo.

Assim os pais abençoam os filhos quando estes se despedem e saem de casa. Os pais ficam, os filhos são entregues a si mesmos. E também os abençoam, juntamente com os netos, quando se despedem ao morrer. Na bênção permanecem ligados a eles.

Só pode abençoar quem tenha sido, por sua vez, abençoado, e esteja em sintonia com algo maior. Ele transmite somente aquilo que recebeu e somente à pessoa a quem ele próprio se abriu. Por isso, abençoar é um gesto humilde, e só sendo assim poderá trazer novas bênçãos.

O contrário da bênção — sua sombra, por assim dizer — é a maldição. Pela maldição alguém deseja o mal a outra pessoa, quer prejudicá-la ou até mesmo destruir sua vida. Assim como a bênção deseja o bem, não só para o abençoado, mas também para os seus descendentes, assim quem amaldiçoa uma pessoa pode querer igualmente atingir os seus filhos.

Muitas vezes alguém deseja o mal a outras pessoas e aos seus filhos por uma injustiça, real ou imaginária, que foi cometida contra ele. Quando essa raiva é justificada, é preciso reconciliar-se com essa pessoa, reconhecendo a injustiça e pedindo-lhe que volte a ser benévola. Isso se consegue mais facilmente pedindo-lhe que também olhe com benevolência os filhos e lhes deseje o bem — em outras palavras, que os abençoe.

Às vezes, percebemos em nós que também desejamos o mal a outros, que nos recusamos a desejar-lhes realmente o bem. Isso se mostra em pequenas coisas, por exemplo, quando fazemos restrições a algo que promove outros ou os torna felizes. Com isso prendemos essa pessoa a nós em vez de deixá-la livre para a sua vida e a sua plenitude.

Como podemos lidar com isso? Podemos exercitar-nos em ser uma bênção. Por exemplo, no fim do dia ou no final de um encontro, podemos perguntar-nos: "Hoje — ou nessa ocasião — eu fui uma bênção?" Assim, na medida em que abençoarmos, também nos sentiremos a cada dia mais abençoados.

Muitas vezes algumas pessoas desejam mal a alguém, sem que este lhes tenha feito nenhum mal. De repente, ele se percebe objeto de uma animosidade contra a qual não pode defender-se. Nem pode desfazê-la por alguma ação sua, pois talvez nem mesmo conheça essas pessoas. Como alguém pode proteger sua alma para evitar que essa animosidade desgaste sua vida, lhe traga alguma doença ou mesmo lhe tire a vontade de viver? Ele pode recorrer à fonte da vida, abrir-se à sua plenitude e à sua força, deixar que essa fonte flua por seu intermédio, com tal força que alcance também os que limitam essa vida e se opõem a esse fluxo. Assim fazendo, responde à maldição abençoando.

Amor também pelos perpetradores

Os perpetradores só se abrandam quando são amados. As campanhas periódicas que se fazem na Alemanha e na Áustria contra os perpetradores do Terceiro Reich, tomando como divisa frases como: "Isso não pode se repetir jamais", são muitas vezes contraproducentes. Enquanto não dermos também aos perpetradores, como seres humanos iguais a nós, um lugar em nosso meio e em nosso coração, o mal que fizeram ainda terá força. Ele se reforçará à medida em que for rejeitado.

Só quando forem acolhidos, poderão ser seres humanos como nós, fazer luto e assumir as conseqüências — não antes.

Aqui existe outra coisa a ponderar. Nossa consciência nos leva a distinguir entre bons e maus, no que julgamos bons os nossos e maus os outros. Eles, porém, têm a mesma maneira de pensar, julgando-se os bons e julgando-nos os maus. Nesse particular, também é fatídico lançarmos sobre determinados indivíduos a responsabilidade por eventos trágicos como o holocausto e a última guerra mundial, com todos os crimes ali cometidos. Imaginamos que basta educarmos nossos filhos de outra maneira, para que algo assim jamais se repita. Colocamos sobre a força dos indivíduos a responsabilidade pela superação do passado, como se ela bastasse para isso. Assim fazendo, desconhecemos totalmente o impacto de eventos históricos que, por assim dizer, tomam de assalto um povo inteiro e o forçam a algo a que o indivíduo absolutamente não pode escapar. Para os alemães e austríacos isso foi algo com o qual não puderam lutar. Ninguém poderia tê-lo detido.

Também para o povo judeu isso foi algo com o qual não puderam lutar. Ninguém poderia ter detido ou paralisado isso. Todos estavam entregues a um poder maior. Enquanto não encararmos esse poder maior e não o reconhecermos em seu horror, enquanto não nos curvarmos diante dele e nos submetermos a ele, não haverá solução. Assim, a solução nesse caso é, em definitivo, um ato religioso.

A chave da reconciliação com os perpetradores está nas mãos das vítimas. Os perpetradores são impotentes até que esse movimento, vindo das vítimas, permita que eles também entrem no mesmo movimento. Porque, quando entregues a si mesmos, não conseguem iniciá-lo.

Nós também devemos levar em conta que as vítimas mortas não encontram a paz enquanto não dão aos perpetradores mortos um lugar a seu lado. Essa reconciliação se realiza entre os mortos, não entre os vivos. Estes não devem se intrometer nesse processo.

Quando, como sobreviventes e descendentes, reconhecermos que não temos o direito de nos intrometer nesse processo, e que precisamos deixar que ele transcorra entre os mortos, poderemos nos desprender mais facilmente desse passado.

À medida que nos colocarmos a favor de uns contra os outros, impediremos a reconciliação. Nas comemorações oficiais pelas vítimas da última guerra, temos sido incentivados a tomar partido contra os maus, a favor das vítimas. Qual é o efeito disso? Impedimos a reconciliação entre os perpetradores e as vítimas, pois com o nosso julgamento e a nossa maneira de recordá-los, nós nos interpomos entre os dois lados.

Em função da paz, o movimento de cura em nossa alma consiste em dizer sim a ambos, aceitar o seu destino da maneira como veio, como perpetradores ou como vítimas. Então também reconciliaremos o nosso lado assassino — nosso próprio impulso assassino — e a dor que sentimos como vítimas. Ambas as coisas ao mesmo tempo. Só quando ambos os lados se encontrarem é que o humano se completará.

O fim da vingança

Proponho ainda um pequeno exercício. Fechamos os olhos e nos recolhemos em nosso centro. Deixando o nosso corpo, dirigimo-nos ao reino dos mortos e olhamos para os mortos de nossa família.

Então olhamos, por cima deles, para os milhões que pereceram assassinados, violentados ou mortos por inanição. — Ali jazem todos. E junto deles jazem os perpetradores que os assassinaram, violentaram ou mataram de fome.

Ali jazem também os mortos da guerra. Tantos. Soldados e civis mortos. Os incontáveis que foram assassinados, violentados, mortos de fome. Todos mortos. Também jazem ali os inimigos que os mataram, os soldados de ambos os lados. Todos mortos. Todos iguais. Nenhum melhor nem pior. Todos mortos. Um imenso exército de mortos.

E ao longe, abaixo da linha do horizonte, aparece uma luz branca. Só vemos o seu clarão. Os mortos se levantam, voltam-se para essa luz e todos se curvam profundamente, as vítimas e os perpetradores. E nós nos curvamos com eles. Todos se curvam devotamente diante dessa luz que permanece meio oculta.

Enquanto os mortos continuam em sua reverência, nós nos erguemos, recuamos e deixamos todos, vítimas e perpetradores, entregues a si mesmos. Vamos nos afastando, até que desaparecem de nossa vista. Então nos viramos, voltamos à vida e olhamos para o futuro.

Aqui cessa toda vingança.

O espírito e o espiritual

Às vezes, quando utilizamos o espírito, procedemos como se pudéssemos dispor dele. Às vezes vamos vivendo e trabalhando, e aí descobrimos alguma coisa — uma lei, uma ordem. Então pensamos ter descoberto algo especial. E de fato o fizemos, por algum tempo.

Porém o espírito não se deixa dirigir por nossas descobertas. Não podemos apelar para o espírito ou para o espiritual quando as aplicamos como se elas fossem a verdade e o definitivo. Quando cessa a evolução, a vida cessa. Quando cessam as mudanças, a vida cessa. Quando cessam as novas luzes, ficamos imobilizados.

Portanto, abrimo-nos para o espiritual à medida que deixamos o passado para trás. Caso contrário, o velho prejudicaria o novo. Isso exige que estejamos sempre abertos para as surpresas.

Será então errado o que veio antes? O primeiro passo num caminho terá sido errado porque não nos levou logo à meta? — O primeiro passo é tão importante quanto o último. Todos têm seu lugar. Contudo, o mais importante é sempre o próximo passo.

O último lugar

Quando olhamos para nossos antepassados, para as inúmeras gerações através das quais a vida nos alcançou, ocupamos o último lugar. O último lugar é aquele para onde tudo converge. Toda a plenitude que se acumulou através de muitas gerações nos alcança porque estamos em baixo e aí permanecemos. O último lugar é, portanto, um lugar de plenitude.

Alguns julgam que têm o dever de fazer algo pelos seus antepassados, que ainda precisam reparar algo em seu lugar. Então procedem como se os antepassados ainda precisassem deles. Essas pessoas pretendem inverter a corrente da vida, fazendo-a fluir, por assim dizer, de baixo para cima.

Muitos querem vingar os antepassados, defender seus direitos ou expiar uma injustiça cometida contra eles, como se lhes faltasse ainda alguma coisa. Assim colocam-se acima deles e de seu destino. Em lugar de tomar e segurar a própria vida, sacrificam-na aos antepassados. Essa é uma estranha idéia.

Nossos antepassados se consumaram. Apenas nós aguardamos ainda nossa consumação. Por isso, na medida em que ocupamos o último lugar, devemos deixar estar, como consumado e passado, tudo o que houve antes de nós.

Alguns pensam que receberam de seus antepassados uma obrigação, por exemplo, a de levar adiante a sua herança. Então se comportam como se, ao lado da vida que receberam, houvesse algo a que devessem sacrificar uma parte de sua vida. Com isso, recusam-se a assumir plenamente sua vida.

Quando vemos nossos antepassados apenas como aquelas pessoas através das quais a vida fluiu para nós e atentamos somente para essa vida, esquecendo tudo o mais, ficamos no último lugar, junto da origem da vida, da causa da vida, sem que mais nada interfira. Ali ocupamos, como todos os outros seres humanos, o último lugar e, simultaneamente, o primeiro.

O último lugar é o lugar do espírito. Nós o perdemos quando nos desviamos do espírito. Então o espírito nos abandona e nos deixa em apuros, até que, por seu intermédio, voltemos talvez à razão.

Conclusão: A consciência

A grande paz que nos liga uns aos outros é um fruto da sabedoria.

O que significa aqui sabedoria? — Consiste em vibrar junto com a consciência do todo, com a consciência da terra e do mundo.

Será isso um exagero? Poderão os conflitos, sejam pequenos ou grandes, subsistir fora da vibração do todo e da consciência da terra? Tudo o que se move na terra só pode mover-se porque uma consciência que nos transcende o mantém em movimento, num movimento que faz sentido.

Para esse movimento não pode haver insensatez, especialmente para os que se deixam guiar por essa consciência e confiam nela sob todos os aspectos. Eles não se colocam contra esses conflitos, apenas tomam consciência deles e de seu movimento.

No entanto, essa consciência da terra aparentemente evolui — pelo menos é assim que ela se manifesta nos indivíduos e nos grupos. Pouco nos importa se essa consciência realmente continua a evoluir em contextos maiores, ou se apenas nós nos tornamos cada vez mais conscientes desses contextos. O efeito em nós é o mesmo. Essa consciência se alarga à medida que recebe cada vez mais coisas e se aprofunda no entendimento de suas relações. Ela deixa que elas atuem juntas na própria alma e na própria consciência, e vibra com isso. Assim começa a paz — em nossa consciência.

Da consciência resulta a ação, um modo de agir diferente, em sintonia também com aqueles que estão em conflito conosco, ou com quem estamos em conflito. Essa harmonia começa na própria alma. É na alma, na própria consciência, que começa a paz. Ela nos une à Consciência atrás da nossa consciência. Pois os conflitos, afinal de contas, estão a serviço da conscientização do todo.